河南财政金融学院科研启动基金资助
河南财政金融学院学术著作出版基金资助

会计师事务所政治关联的双重维度后果研究

孔亚平◎著

中国经济出版社
CHINA ECONOMIC PUBLISHING HOUSE
·北京·

图书在版编目（CIP）数据

会计师事务所政治关联的双重维度后果研究／孔亚平著．-- 北京：中国经济出版社，2022.9

ISBN 978-7-5136-6943-6

Ⅰ．①会…　Ⅱ．①孔…　Ⅲ．①会计师事务所 - 研究 - 中国　Ⅳ．① F233.2

中国版本图书馆 CIP 数据核字（2022）第 093221 号

责任编辑　张梦初
责任印制　马小宾
封面设计　任燕飞

出版发行　中国经济出版社
印 刷 者　北京力信诚印刷有限公司
经 销 者　各地新华书店
开　　本　710mm × 1000mm　1/16
印　　张　12.5
字　　数　200 千字
版　　次　2022 年 9 月第 1 版
印　　次　2022 年 9 月第 1 次
定　　价　78.00 元
广告经营许可证　京西工商广字第 8179 号

中国经济出版社　**网址** www.economyph.com　**社址**　北京市东城区安定门外大街 58 号　**邮编**　100011

本版图书如存在印装质量问题，请与本社销售中心联系调换（联系电话：010-57512564）

◇前 言

注册会计师拥有“经济警察”的称号，是国家经济监督体系和新的社会阶层人士的重要组成部分，是构建社会治理共同体的重要力量。经济越发展，审计越重要。党和政府高度重视并不断强化作为新的社会阶层人士的注册会计师在政治领域和社会经济发展中的作用。自2011年12月2日，中央统战部和财政部党组印发了《关于加强注册会计师行业统战工作的意见》之后，注册会计师当选党代表、人大代表和政协委员的人数大幅增加。学术界将企业通过实际控制人、高管当选党代表、人大代表和政协委员建立的政治关联称为代表委员类政治关联，该类政治关联是中国政治经济制度背景下一种特有的现象，并且其本身就是一种声誉机制。学者们的研究一致认为政治关联对社会经济活动产生了重要影响。注册会计师审计是国家治理的一项重要制度安排。党的全国代表大会制度是中国政治制度的灵魂，人民代表大会制度和人民政协制度是国家治理体系的重要组成部分。在当前推动会计师事务所“做大做强”、推进国家治理体系和治理能力现代化的背景下，结合中国国情，研究会计师事务所通过注册会计师当选党代表、人大代表和政协委员建立政治关联给会计师事务所带来的影响，具有极其重要的现实意义。

目前，学术界对政治关联的研究大都集中于企业政治关联的经济后果，聚焦会计师事务所政治关联的研究相对较少。现有关于会计师事务所政治关联的研究文献，主要是基于会计师事务所的合伙人在发行审核委员会任职的视角展开相关研究，极少涉及会计师事务所代表委员类政治关联。会计师事务所是具有特殊性质的企业，其审计行为具有外部性，提供的审计服务产品具有社会公共消费品的性质，这就决定了会计师事务所具有双重属性：经济属性和社会属性。会计师事务所的双重属性决定了会计师事务所不仅要追求经济效益，还要讲求社会效益。会计师事务所要“做大做强”，实现可持续发展，更好地发挥审计监督职能，经济效益和社会效益两者不可或缺。所以，本书主要从经济效益和社会效益两个维度考察了会计师事务所政治关联带来的影响。首先，从经济效益的维度来看，经济效益受到投入和产出的影响，由于审计投入数据的特殊性，无法通过公开的渠道获取，因此，本书主要基于审计产出的视角考察会计师事务所政治关联对经济效益的影响。市场份额和审计费用是审计产出的主要体现，为此，本书分别考察了会计师事务所政治关联对市场份额和审计费用的影响。其次，从社会效益的维度来看，会计师事务所追求社会效益的根本体现为审计服务质量，为此，本书考察了会计师事务所政治关联对审计质量的影响。

因此，本书基于经济效益和社会效益两个维度，将市场份额、审计费用和审计质量纳入一个研究框架，深入系统地考察了会计师事务所代表委员类政治关联带来的后果及其作用机理。本书的主要研究内容具体归纳如下：

第一，会计师事务所政治关联对市场份额的影响。本书的实证结果具体为：①主要研究发现，其他条件不变，会计师事务所政治关联与市场份额之间呈显著的正相关关系，即会计师事务所政治关联能够显著提高会计师事务所的市场份额。②影响机制研究发现，会计师事务所政治关联能够吸引更多的国有企业客户进而提高市场份额；具有政治关联的会计师事务所通过进行寻租活动提高市场份额的作用路径未得到验证。③异质性检验发现，地区法律环境增强了会计师事务所政治关联与市场份额之间的正相关关系。④会计师事务所的省级政治关联和国家级政治关联均对市场份额具有显著的正向影响，但是相较于会计师事务所的省级政治关联，会计师事务所的国家级政治关联对市场份额的正向影响更大。⑤会计师事务所丧失政治关联后，在短期内会计师事务所政治关联对市场份额的正向影响仍然存在。

第二，会计师事务所政治关联对审计费用的影响。本书的实证结果具体为：①主要研究发现，其他条件不变，会计师事务所政治关联与审计费用之间呈显著的正相关关系，即会计师事务所政治关联能够显著提高审计费用。②影响机制研究发现，会计师事务所政治关联通过提高市场份额提高了审计费用；会计师事务所政治关联通过增加审计投入提高审计费用的作用路径得到了间接验证；具有政治关联的会计师事务所通过进行寻租活动提高审计费用的作用路径未得到验证。③异质性检验发现，地区法律环境强化了会计师事务所政治关联对审计费用的正向影响；客户重要性对会计师事务所政治关联与审计费用之间的关系没有产生显著影响。④会计师事务所的省级政治关联和国家级政治关联均对审计费用具有显著的正向影响；但是相较于会计师事务所的省级政治关联，会计师事务所的国家级政治关联对审计费用的正向影响更大。⑤会计师事务所丧失政治关联后，在短期内会计师事务所政治关联对审计费用的正向影响仍然存在。

第三，会计师事务所政治关联对审计质量的影响。本书的实证结果具体为：①主要研究发现，其他条件不变，会计师事务所政治关联与可操纵性应计利润之间呈显著的负相关关系，即会计师事务所政治关联显著提高了审计质量。②影响机制研究发现，具有政治关联的会计师事务所通过增加审计投入、提高会计师事务所行业专长和选择低风险客户提高了审计质量。③异质性检验发现，与法律环境较差地区相比，具有政治关联的会计师事务所在法律环境较好地区更有效地抑制了上市公司的盈余管理行为，提高了审计质量；客户越重要，具有政治关联的会计师事务所执业越谨慎，会更加关注上市公司的盈余操纵行为，提高审计质量，降低审计风险。④会计师事务所的省级政治关联和国家级政治关联均显著提高了审计质量，但是这两种级别的政治关联对审计质量的影响不存在显著差异。⑤会计师事务所丧失政治关联后，在短期内会计师事务所政治关联对审计质量的正向影响仍然存在。

本书可能的创新主要体现在以下三个方面：①以往研究大多数关注企业政治关联的后果，有关会计师事务所政治关联的研究主要集中于会计师事务所的合伙人在发行审核委员会任职带来的影响，只有少数研究对会计师事务所代表委员类政治关联带来的影响进行了初步验证。区别于现有研究，本书基于会计师事务所的双重属性，从经济效益和社会效益两个方面入手，将会计师事务所的市场份额、审计费用和审计质量三个方面纳入一个研究框架，深入系统地考察了会计师事务所代表委员类政治关联带来的后果及其影响机制，拓展并丰富了会计师事务所政治关联和审计方面的相关研究文献。②本书研究发现，会计师事务所代表委员类政治关联既提高了市场份额和审计费用，又提高了审计质量，有助于会计师事务所取得良好的经济效益和社会效益，实现经济效益和社会效益的统一。本书的研究结论为注册会计师当选党代表、人大代表和政协委员在微观层面产生的影响提供了经验证据。③本书的研究结论具有重要的现实意义：制度声誉与来自市场的声誉同样重要，会计师事务所应该珍惜和充分发挥通过注册会计师拥有党代表、人大代表和政协委员的政治身份带来的制度声誉，推动会计师事务所“做大做强”，实现可持续发展；政府及监管部门应进一步加强对获得代表委员类政治身份的注册会计师行业代表人士的引导，充分发挥他们在注册会计师行业的“风向标”作用，改善法律环境，为注册会计师营造良好的执业环境，更好地发挥注册会计师政治身份的积极作用，提高注册会计师审计的治理效应，推进社会诚信建设，助推国家治理体系和治理能力现代化。

◇目　录

◇ 图表目录

导 论

一、研究背景与研究意义

（一）研究背景

注册会计师拥有“经济警察”的称号，是国家经济监督体系和新的社会阶层人士的重要组成部分，是构建社会治理共同体的重要力量。党和政府高度重视并不断强化作为新的社会阶层人士的注册会计师在政治领域和社会经济发展中的作用，2011年12月2日，中央统战部和财政部党组印发了《关于加强注册会计师行业统战工作的意见》（以下简称《意见》）之后，注册会计师当选党代表、人大代表和政协委员的人数出现大幅增加。据中国注册会计师协会（以下简称中注协）网站披露，截至2015年8月，注册会计师在全国当选各级党代表、人大代表和政协委员共计835人次，与2011年底相比，增幅为115.8%。2018年，担任全国政协委员和人大代表的注册会计师共10名，与上一届相比，增加了4人，增幅为66.7%。财政部有关负责人曾说过：“全国人大代表和政协委员合计只有5000多人，每一个名额都极为‘金贵’，落实到哪个部门、哪个行业、哪个单位，都体现了一份沉甸甸的政治托付和政治关怀。”①这充分体现了随着国家市场经济的发展，各部门对注册会计师行业的发展越来越重视，注册会计师不但在经济领域扮演着重要角色，在社会政治领域也发挥了越来越大的影响力。

---

① 王军副部长在注册会计师行业全国人大代表、政协委员座谈会上的讲话[EB/OL]. http://www.cicpa.org.cn/Column/hydbrs/gzdt/201304/t20130423_40754.html.

党的十九大报告中明确提出，中国特色社会主义最本质的特征是中国共产党的领导，坚持党对一切工作的领导，不断推进国家治理体系和治理能力现代化，坚持和完善人民代表大会制度、中国共产党领导的多党合作和政治协商制度，加强党外知识分子工作，做好新的社会阶层人士工作，发挥他们在中国特色社会主义事业中的重要作用。在这样的背景下，作为“经济警察”和新的社会阶层人士的注册会计师当选党代表、人大代表和政协委员会带来什么影响呢？显而易见，这是一个非常重要且亟须研究的问题。

在中国，获得代表委员类政治身份的注册会计师在会计师事务所中拥有较高职位（如主任会计师、首席合伙人、董事长、所长等）①，属于会计师事务所的决策层，他们的个人声誉和利益与其所在会计师事务所的声誉和利益存在明显的捆绑效应，他们获得的代表委员类政治身份既是个人荣誉，也是其所在会计师事务所的荣誉。学术界将企业通过高管或实际控制人获得代表委员类政治身份与政府建立的关系称为代表委员类政治关联，这类政治关联是中国经济政治体制下特有的一种现象。学者们研究发现，代表委员类政治关联与政府官员类政治关联对企业影响的作用机制存在显著差异，代表委员类政治关联具有信号传递效应、资源效应、声誉激励效应（或治理效应）、保护效应等方面的作用。例如，企业的高管或实际控制人获得代表委员类政治身份后，可以向外界传递企业经济实力雄厚、得到了社会和政府的认可等积极信号，有利于企业良好社会形象的树立（李四海、陈祺，2013），有助于企业进入垄断行业或管制性行业获取更多的社会资源和经济利益（胡旭阳，2006）。同时，拥有代表委员类政治身份的高管或实际控制人，更加珍惜代表委员类政治身份这种“稀缺资源”，为了树立和强化企业的“明星”效应，有较强的意愿提高企业的会计信息透明度和会计信息披露质量（杜兴强、周泽将，2010；蒋卫平、王赛，2014）。此外，代表委员类政治关联还具有保护效应，企业建立这类政治关联后，可以利用政治关系降低被诉讼的概率（王兵

① 代表委员类政治身份在文中是指当选党代表、人大代表和政协委员。

等，2019)。那么，相较于代表委员类政治关联给企业带来的影响，会计师事务所通过注册会计师获得代表委员类政治身份建立的政治关联会带来什么后果呢?

政治关联是经济社会中普遍存在的一种现象，学者们对企业政治关联的后果做了大量研究，成果丰富，但是有关会计师事务所政治关联的后果研究还相对较少。现有关于会计师事务所政治关联的文献，主要是基于会计师事务所合伙人在中国证监会发行审核委员会（以下简称发审委）任职的视角展开研究，鲜有文献从会计师事务所代表委员类政治关联的视角进行相关研究。根据《意见》，只有政治可靠，在行业具有较大影响力，对社会做出了较大贡献，能够得到群众公认，且参政议政能力较强的注册会计师行业代表人士才有可能当选党代表、人大代表和政协委员。注册会计师行业代表人士积极参政议政[①]，在宏观层面上有利于加强注册会计师行业统战工作，加强党对注册会计师行业的领导，充分发挥注册会计师行业代表人士的专业优势，为国家发展建言献策，促进注册会计师行业更好地服务国家经济建设；那么，在微观层面上又会对会计师事务所带来什么影响呢?

遗憾的是，学者们大都只关注企业政治关联的经济后果，而对会计师事务所代表委员类政治关联的后果这一主题的关注度不足，尚缺乏深入系统的研究。目前仅有少数学者围绕会计师事务所代表委员类政治关联进行了一些研究（李江涛等，2015；王瑜等，2019)，但是这些研究只是在一定程度上说明了“是什么”的问题，并没有探究会计师事务所政治关联的作用机理。企业是市场经济的微观主体，是经济运行的细胞，企业的发展直接影响着我国经济的发展。注册会计师审计是国家经济监督的一种制度安排，是企业外部监督的重要组成部分，注册会计师审计质量的高低直接影响着企业财务会计信息的可靠性，进而影响投资者、债权人等利益相关者的决策和市场资源的

① 本书中的参政议政是指获得党代表、人大代表和政协委员身份的注册会计师参政议政。

有效配置，甚至还可能会对宏观经济产生影响。注册会计师审计作为我国审计体系的“三驾马车”之一[①]，在国家经济监督体系中起着不可或缺的作用，决定了作为注册会计师审计主体的会计师事务所具有社会属性，要讲求社会效益，提供高质量审计服务，发挥审计治理效应。然而，在社会主义市场经济条件下，会计师事务所作为一个自主经营、自负盈亏的社会中介服务机构，与其他经济组织一样具有经济属性，以追逐经济利益作为自身的经营目标。会计师事务所只有在取得良好经济效益的前提下，才能保障自身的生存和发展，才会更有动力和能力实现社会效益，提高审计质量，有效发挥注册会计师审计在公司外部治理机制中的作用。因此，在国家推进全面依法治国、国家治理体系和治理能力现代化，鼓励注册会计师参政议政，推动会计师事务所做大做强的背景下，立足中国国情，本书以注册会计师当选党代表、人大代表和政协委员为切入点，从经济效益和社会效益两个维度研究会计师事务所政治关联的后果及其作用机理具有重要的理论和现实意义。

（二）研究意义

学者们研究发现，代表委员类政治关联作为中国政治经济制度背景下特有的一种现象，对社会经济活动产生了重要影响。鉴于《意见》发布后，注册会计师当选党代表、人大代表和政协委员的人数出现大幅增加，且注册会计师在中国经济监督体系和构建社会治理共同体中有重要作用，本书对会计师事务所通过注册会计师当选党代表、人大代表和政协委员建立政治关联后带来的影响进行探究显得十分必要。

1. 理论意义

通过对研究政治关联的相关文献进行梳理可知，已有文献主要围绕企业政治关联做了大量研究，成果丰富，然而，鲜有学者关注会计师事务所政治关联特别是代表委员类政治关联带来的影响。因此，本书基于中国特色社会

① 政府审计、单位内部审计和注册会计师审计共同构成我国审计体系的“三驾马车”。

主义制度背景，考察会计师事务所代表委员类政治关联带来的影响具有重要的理论意义。

第一，本书拓展了会计师事务所政治关联后果的相关研究。政治关联是经济社会普遍存在的一种现象，学者们对政治关联的后果进行了大量研究，主要集中在企业政治关联带来的影响这一方面，对会计师事务所政治关联进行的研究相对较少，并且有关会计师事务所政治关联的研究主要聚焦于会计师事务所的发审委联系带来的影响，鲜有文献从会计师事务所代表委员类政治关联的视角展开研究。本书以注册会计师当选党代表、人大代表和政协委员为切入点，不仅考察了会计师事务所政治关联建立对会计师事务所经济效益和社会效益的影响及其作用机理，还分析了会计师事务所政治关联从有到无对会计师事务所经济效益和社会效益的影响，丰富了会计师事务所政治关联后果的相关研究，有助于更好地了解会计师事务所代表委员类政治关联在微观层面带来的影响。

第二，本书丰富了会计师事务所经济效益和社会效益方面的研究成果，为后续研究提供借鉴。会计师事务所对经济效益的追求主要体现在市场份额和审计费用方面，对社会效益的追求主要体现在审计质量方面。以往文献主要是从会计师事务所的发审委联系、官员视察会计师事务所以及会计师事务所的政府背景等视角研究会计师事务所政治关联对市场份额、审计费用和审计质量的影响，少有文献基于会计师事务所代表委员类政治关联的视角展开研究。本书基于会计师事务所代表委员类政治关联的视角对市场份额、审计费用和审计质量进行系统深入的研究，丰富了会计师事务所经济效益和社会效益影响因素领域的研究成果。

第三，本书的研究有助于更好地理解会计师事务所代表委员类政治关联的影响机理。以往有关会计师事务所代表委员类政治关联的研究文献只是说明了“是什么”的问题，并未探究会计师事务所政治关联的影响机理。在社会主义市场经济条件下，会计师事务所要实现长期可持续发展，不仅要追求经济效益，还要重视社会效益，实现会计师事务所经济效益和社会效益的统一。经济效益是会计师事务所生存和发展的基本保障，是讲求社会效益的基础和保证；社会效益是会计师事务所生存和发展的根本，是促进会计师事务所经济效益提高的重要条件。会计师事务所的市场份额和审计收费能够在较大程度上反映会计师事务所的经济效益，而审计质量是会计师事务所的生命线，能够在较大程度上反映会计师事务所的社会效益。因此，本书将会计师事务所的市场份额、审计费用和审计质量三个方面纳入一个研究框架，深入系统地探讨了会计师事务所代表委员类政治关联带来的影响，不仅说明了“是什么”的问题，还尝试探究了会计师事务所政治关联发挥作用的路径和影响因素，有助于更好地理解会计师事务所政治关联如何影响会计师事务所经济效益和社会效益。

2. 现实意义

在全面推进依法治国、国家治理体系和治理能力现代化，构建“亲”“清”新型政商关系，加强注册会计师行业统战工作，推动会计师事务所“做大做强”，充分发挥注册会计师对经济活动的监督作用和经济发展的带动作用的背景下，探究注册会计师当选党代表、人大代表和政协委员在会计师事务所层面带来的影响及其影响机理具有非常重要的现实意义。

第一，从微观层面看，本书对会计师事务所代表委员类政治关联的后果进行研究，为分析注册会计师当选党代表、人大代表和政协委员对其所在会计师事务所带来的影响提供了经验证据，有助于会计师事务所充分发挥代表委员类政治关联带来的制度声誉优势健康发展，实现“做大做强”的发展目标，更好地发挥审计治理效应；有助于投资者等利益相关者通过会计师事务所的政治关联特征识别和利用审计报告传递的信息做出最优的决策。

第二，从宏观层面看，当选党代表、人大代表和政协委员的注册会计师既是会计师事务所的决策层，掌握着会计师事务所的经营决策权，又是注册会计师行业的代表人士，在行业中具有较大的影响力，同时还是中国新的社会阶层人士的重要组成部分，他们的执业态度和行为不仅会对其所在会计师事务所产生重要影响，对整个行业的执业环境和发展产生重要影响，还可能对国家治理产生一定的影响。本书以注册会计师当选党代表、人大代表和政协委员为切入点，对会计师事务所代表委员类政治关联后果进行研究，具有重要的政策参考和启示作用，有助于政府及监管机构充分发挥拥有代表委员类政治身份的注册会计师对行业发展的引领作用，更好地发挥注册会计师在经济监督体系中的作用、在构建社会治理共同体中的作用，提升社会治理水平。

二、研究内容与研究方法

（一）研究内容

任何组织的管理都是为了获得效益。会计师事务所的双重属性（经济属性和社会属性）决定了会计师事务所不仅要追求经济效益，还要讲求社会效益。因此，本书从经济效益和社会效益两个维度考察会计师事务所政治关联带来的后果。

会计师事务所的市场份额和审计收费能够在较大程度上反映会计师事务所的经济效益，而审计质量是会计师事务所的生命线，能够在较大程度上反映会计师事务所的社会效益。因此，本书以注册会计师当选党代表、人大代表和政协委员为切入点，通过对国内外相关文献进行回顾梳理，对会计师事务所政治关联研究的相关理论基础和制度背景进行介绍，为本书研究提供理论支撑，将会计师事务所的市场份额、审计费用和审计质量三个方面纳入一个研究框架进行实证研究，深入系统地探讨会计师事务所代表委员类政治关联带来的影响，不仅说明了“是什么”的问题，还尝试探究了会计师事务所政治关联发挥作用的机理和影响因素，并根据研究结论提出有针对性的政策建议，为会计师事务所、政府及监管部门等提供借鉴和参考。本书的研究思路如图0–1所示。

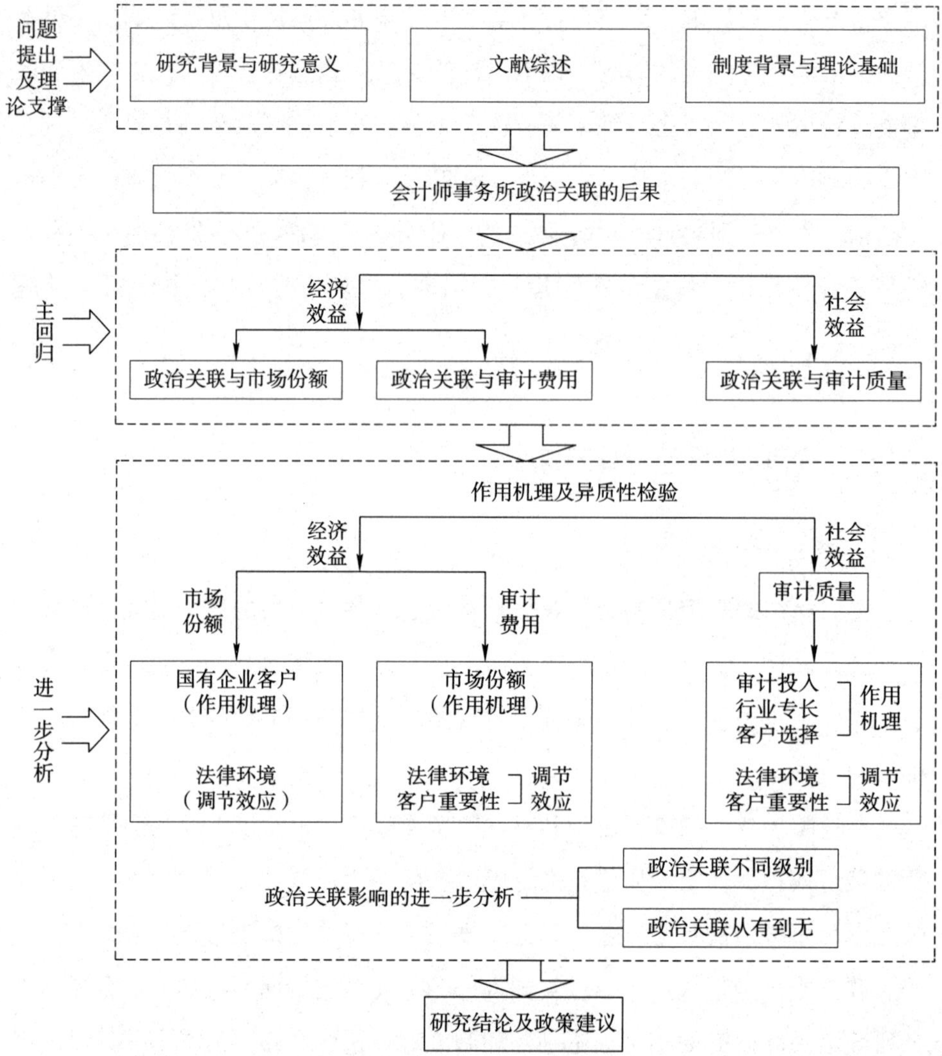

图 0-1　本书技术路线

本书以注册会计师当选党代表、人大代表和政协委员人数的大幅增加为契机，基于会计师事务所经济效益和社会效益两个维度，将会计师事务所的市场份额、审计费用和审计质量三个方面纳入一个研究框架，实证检验了会计师事务所代表委员类政治关联带来的影响及其作用机理。

基于上述研究思路，本书的主要内容如下：

第一部分是导论。基于研究背景引出本书的研究问题，阐明了研究的理论意义和实际意义，扼要介绍了本书的研究思路、研究的主要内容以及采用的主要研究方法，并对会计师事务所政治关联概念进行界定，圈定本书的研究范围。

第二部分是文献综述，也是本书的第一章。结合研究主题，分别对政治关联的后果、会计师事务所经济效益、会计师事务所社会效益等相关研究文献进行了全面回顾梳理，为本书的研究夯实文献基础。

第三部分是制度背景与理论基础，也是本书的第二章。结合本书的研究主题，在这部分，首先分析了会计师事务所及其服务产品的双重属性（经济属性和社会属性），其次介绍了会计师事务所政治参与的制度回顾与战略考量，再次分析了会计师事务所政治关联的实践现状和外部环境，最后介绍了会计师事务所政治关联的基础理论——效益原理、声誉理论、动机理论和寻租理论，并在此基础上提出本书的理论分析框架。这部分内容奠定了本书研究的理论基调。

第四部分是理论分析和实证检验会计师事务所政治关联对市场份额的影响，也是本书的第三章。首先，运用多元OLS回归模型检验会计师事务所政治关联对市场份额的影响，并进行了各种稳健性检验以保证研究结论的稳健性。在进一步分析中，检验了会计师事务所政治关联是否能够吸引更多的国有企业客户进而提高市场份额、地区法律环境对会计师事务所政治关联与市场份额之间关系的影响、会计师事务所政治关联的不同级别对市场份额的影响，以及会计师事务所政治关联从有到无对事务所市场份额的影响。

第五部分是理论分析和实证检验会计师事务所政治关联对审计费用的影响，也是本书的第四章。首先，运用OLS多元回归模型检验会计师事务所政治关联对审计费用的影响，并进行了各种稳健性检验以保证研究结论的稳健性。在进一步分析中，检验了会计师事务所政治关联是否通过提升市场份额提高审计费用、地区法律环境和客户重要性对会计师事务所政治关联与审计费用之间关系的影响、会计师事务所政治关联的不同级别对审计费用的影响，以及会计师事务所政治关联从有到无对审计费用的影响。

第六部分是理论分析和实证检验会计师事务所政治关联对审计质量的影响，也是本书的第五章。首先，运用OLS回归模型检验会计师事务所政治关联对审计质量的影响，并进行了各种稳健性检验以保证研究结论的稳健性。在进一步分析中，检验了审计投入、会计师事务所行业专长和客户选择在会计师事务所政治关联影响审计费用过程中的中介效应，地区法律环境和客户重要性对会计师事务所政治关联与审计质量之间关系的影响，会计师事务所政治关联的不同级别对审计质量的影响，以及会计师事务所政治关联从有到无对审计质量的影响。

第七部分是研究结论与政策建议，也是本书的第六章。基于会计师事务所经济效益和社会效益两个维度，从市场份额、审计费用和审计质量三个方面对会计师事务所政治关联带来的后果进行系统深入的研究后，根据本书的实证研究结论，从会计师事务所、政府及监管部门等方面提出有针对性的建议，以促进会计师事务所健康发展，实现“做大做强”目标，同时也为政府及监管部门通过对获得代表委员类政治身份的注册会计师行业代表人士的引导，进而加强党对注册会计师行业的领导，使其更好地发挥在经济监督体系中的作用，为推进社会诚信建设、更好地服务国家经济建设、提升社会治理水平提供政策参考和启示。

（二）研究方法

结合研究内容，本书主要运用了文献研究法和实证研究法等。

第一，文献研究法。通过对以往研究文献进行收集、整理和分析，能够快速了解某一研究主题的发展脉络及学术前沿动态，为后续研究提供大量有价值的信息。本书通过对国内外有关政治关联、会计师事务所经济效益以及会计师事务所社会效益的相关研究文献进行全面回顾梳理，总结其研究成果，借鉴其研究思路及方法，发现已有研究的不足之处，指出可能拓展的方向，为本书的研究夯实文献基础。

第二，实证研究法。本书以证券资格会计师事务所及其上市公司客户为研究对象[①]，通过构建OLS回归模型，借鉴以往研究文献选取和设置变量，分别检验会计师事务所政治关联对会计师事务所经济效益（市场份额、审计费用）和社会效益（审计质量）的影响及其作用机理。具体采用的方法包括对主要变量进行描述性统计和相关系数分析，对被解释变量进行单变量分析以及根据构建模型进行多元回归分析等。此外，本书还采用双重差分法（DID）和安慰剂检验（Placebo Test）等方法进行稳健性测试以保证研究结论的可靠性。

三、会计师事务所政治关联概念界定

从Fisman（2001）最早对"政治关联"术语进行清晰表述后，学者们对政治关联的概念界定越来越明晰化。由于不同国家的政治经济体制存在差异，学者们对政治关联的具体界定也不尽相同，但究其本质都是指企业与政府之间的关系。在中国的政治经济制度背景下，企业政治关联的类型主要可以归纳为以下几种：①企业的实际控制人、高管曾在各级政府或军队等部门任职；②第一大股东是国有股东或者企业有国有股权；③企业的实际控制人、高管等拥有代表委员类政治身份；④官员视察企业。

会计师事务所是社会中介服务机构，由于其执业活动的专业性，很难通过上述的第一种和第二种方式获得政治关联。目前，学者们对会计师事务所政治关联的衡量主要有以下几种：①会计师事务所的合伙人在发审委任职；②官员视察会计师事务所；③会计师事务所中有注册会计师当选党代表、人大代表和政协委员；④会计师事务所曾经挂靠行政事业单位。会计师事务所脱钩改制完成后，会计师事务所通过第四种方式建立政治关联的影响随着时间的推移将逐渐减弱。

---

① 本书中的证券资格会计师事务所均是指具有从事证券、期货相关业务资格的会计师事务所。

现有关于会计师事务所政治关联的研究文献，主要是基于会计师事务所合伙人在发审委任职的视角展开，仅有少数学者基于注册会计师当选党代表、人大代表和政协委员的视角进行研究。2011年12月2日《意见》发布后，注册会计师当选党代表、人大代表和政协委员的人数大幅度增加，为本书研究提供了很好的契机。因此，结合已有研究，本书对会计师事务所政治关联的定义如下：会计师事务所政治关联是指会计师事务所有注册会计师当选党代表、人大代表和政协委员。

需要特别指出的是，囿于数据搜集渠道，本书仅以证券资格会计师事务所及其上市公司客户为研究对象，会计师事务所政治关联仅指会计师事务所有注册会计师当选省级和国家级党代表、人大代表和政协委员，不包括注册会计师当选省级以下党代表、人大代表和政协委员的情况。会计师事务所政治关联有两个层面：注册会计师个人层面和会计师事务所层面。考虑到当选党代表、人大代表和政协委员的注册会计师在会计师事务所的任职情况及其在审计报告中的签字情况，本书仅从会计师事务所层面考察会计师事务所政治关联带来的影响。

第一章 文献综述

鉴于本书的研究主题，我们主要对政治关联的相关研究（包括企业政治关联和会计师事务所政治关联）、会计师事务所经济效益的相关研究以及会计师事务所社会效益的相关研究进行梳理和总结，为本书的研究提供理论参考和文献支撑。

第一节 政治关联的相关研究

一、企业政治关联的相关研究

近些年，政治关联已经引起了学术界和实务界的广泛关注。本书主要从以下方面对企业政治关联的相关研究文献进行回顾和梳理：企业政治关联概念界定，企业政治关联对企业行为、企业业绩和企业价值等方面的影响，中国制度背景下企业政治关联的类型及其影响。

第一，企业政治关联概念界定。政治关联是经济社会普遍存在的一种现象[①]。关于企业政治关联的最初研究，只是表明了政治关联对于企业来说存在一定的价值，但是并未验证政治关联对企业价值有多重要或者对企业价值的

① 对于"政治关联"，也有学者用"政治关系""政治联系""政治资本""政治参与""政治资源""参政议政""政治身份"等术语进行表述。

影响程度有多大。学术界通常认为Fisman（2001）是最早对“政治关联”术语进行清晰表述的学者，其以东南亚最大的国家印度尼西亚为研究对象，不仅用苏哈托依赖指数作为政治关联的替代变量考察了政治价值在推动印度尼西亚投资中的作用，同时还采用“事件研究”方法，通过考察股票价值如何随着前总统苏哈尼的健康报告的变化而发生变化，回答了企业在多大程度上依赖政治关联来获取利润这个问题。Johnson和Mitton（2003）以马来西亚的企业为研究对象，借鉴Gomez和Jomo（1997）对亚洲金融危机之前马来西亚企业及其拥有的政治关系的详细分析，对公司政治关联进行了更加清晰的界定，即任何公司只要其高管和大股东与主要政府官员有密切关系，就认为这些企业是有政治关联的企业，并研究了资本管制和政治关联对企业价值产生的综合影响。Faccio（2006）对政治关联的研究是大多数学者所认可的，该研究以24个国家为研究样本，基于全球视角对企业政治关联进行研究，验证了政治关联现象的普遍性，指出如果公司的大股东（直接或间接控制至少10%股票的人）或高级管理者（比如CEO、总裁、副总裁或秘书）是国会议员、部长（包括首相）或国家元首（执政官、总统、国王或王后），或与政府高官有密切关系，那么这类企业就被认为存在政治关联。

在中国的政治经济制度背景下，学者们主要是以企业的实际控制人、董事长、总经理等是否拥有代表委员类政治身份（胡旭阳、吴一平，2017；潘克勤，2009）、是否曾在各级政府或军队等部门任职（董有德、宋芳玉,2017；江新峰、张敦力,2019；刘林,2016；全进等,2018；任曙明、王艳玲,2017；宋加山等,2020；谢永珍、刘美芬,2016；谢永珍、吴明霞,2019；徐尧等,2017；严若森、姜潇，2019；严若森等，2019；严若森、肖莎，2019；周霖、蔺楠，2018；周志方等，2018）、企业主是否在政府或基层组织担任过职务（王金秋等，2019）、第一大股东是否为国有股东或企业是否有国有股权（余汉等，2017a，2017b），以及企业是否有官员视察等作为企业政治关联的衡量依据（洪群、戴亦一，2018；罗党论、应千伟，2012；赵晶、孟维烜，2016）。由于研究视角、研究对象所属国家的政治经济体制等方面存在差异，学者们对政治关联概念的界定并不完全相同，但究其本质都是指企业与政府之间的关系。

第二，企业政治关联对企业行为、企业业绩和企业价值等方面的影响。学者们基于不同视角对企业政治关联做了大量研究，成果颇丰。现有研究一致认为，政治关联能够对企业行为、企业业绩和企业价值等方面产生影响。政治关联作为一种担保，能够缓解民营企业面临的融资约束（王金秋等，2019），使企业更容易获得银行的支持，降低银行的贷款要求，帮助企业获取更多的银行贷款和利率优惠，特别是长期贷款的融资便利，降低融资成本，从而对企业的资本结构产生影响（Yang ct al.，2018；Khwaja and Mian，2005；李姝、谢晓嫣，2014；罗党论、刘璐，2010）。此外，也有学者研究发现，政治关联与银行借款之间的关系受到产权性质、制度环境以及政治关联类型等因素的影响（周泽将等，2011）。

政治关联能够帮助企业进入管制行业或高壁垒行业（余汉等，2017a），获得更优惠的实际税率或税收减免（Adhikari et al.，2006；Fisman，2001），提高企业的资本获利能力（胡旭阳，2006），使企业获得更多的利润，进而提高企业业绩（吴婧洁，2018）。然而，政治关联企业也可能由于寻租活动付出的成本，或者由于政府的干预，存在政策性负担和较多的非效率投资行为，难以实现价值最大化等目标，进而对企业业绩产生负面影响（郭剑花，2012）。政治关联与企业业绩之间的关系还可能受到企业的产权性质（陈维等，2015）、建立政治关联的人员类型（胡永平、张宗益，2009）以及政治关联的类型（杜兴强等，2009）等因素的影响。

政治关联也会对企业的短期市场反应和长期市场价值产生影响。例如，Fisman（2001）发现，当苏哈托的健康状况出现不利传闻时，相较于政治关联程度低的企业，政治关联程度高的企业收益率更低。Knight（2006）发现，随着布什在美国2000年的总统大选中获胜，支持布什的企业股票收益率显著上涨，支持戈尔的企业股票收益率却显著下降。Faccio、Parsley（2009）发现，政治人物的突然死亡会导致其家乡所在公司的市场调整收益率显著下降。这些研究均是基于标志性的政治人物或事件视角对政治关联与企业短期市场反应之间的关系展开的。在中国的政治经济体制背景下，也有学者以反腐治理、“中组部18号文”等事件为契机研究上市公司政治关联遭受损失对短期市场价值的影响[①]，发现上市公司政治关联遭受损失会对其短期市场价值或股价带来负面影响（龙小宁等，2016；邓晓飞等，2016；应千伟等，2016）。大多数学者主要集中于检验企业政治关联与企业长期市场价值之间的关系，研究发现，企业政治关联对企业价值具有显著的正向影响（罗党论、黄琼宇，2008），但这种影响受到政府背景（吴文锋等，2008）、法治化水平等因素的作用（雷光勇等，2009）。

第三，中国制度背景下企业政治关联的类型及其影响。在中国制度背景下，学者们对企业政治关联的研究逐步细化与深入，通常将企业政治关联分为政府官员类政治关联和代表委员类政治关联两种类型，研究发现两类政治关联对企业经营活动产生影响的作用机制存在差异。学术界普遍认为，不同类型的政治关联在企业的经营活动中扮演的角色不尽相同，政府官员类政治关联和代表委员类政治关联扮演的主要角色分别为“政府干预”和“关系”。根据“政府干预”理论和“关系”理论我们可知，建立政府官员类政治关联的企业，政府的“掠夺之手”可能会对企业的价值产生不利影响；而建立代表委员类政治关联的企业，由于政治关联是企业主动获取的结果，相较于政府官员类政治关联可能存在更少的代理问题，更可能利用政治关系为企业获取更多的社会资源和经济利益，提升企业价值。

现有的文献研究结论也显示，相较于政府官员类政治关联，代表委员类政治关联发挥的作用更有效。企业的代表委员类政治关联能够加强企业的自我约束性治理，降低企业被诉讼的概率（王兵等，2019），提升企业的独立审计需求，使其更倾向于选择大规模会计师事务所（潘克勤，2010），有助于提高民营上市公司的会计信息质量和信息透明度（杜兴强、周泽将，2010；蒋卫平、王

① 中组部18号文是指2013年10月19日中共中央组织部印发的《关于进一步规范党政领导干部在企业兼职（任职）问题的意见》。

赛，2014），减少恶意财务年报补丁发布的现象，降低债务企业风险（潘克勤，2012），并最终对企业业绩产生显著的正向影响（杜兴强等，2009）。

二、会计师事务所政治关联的相关研究

政治关联会给社会经济活动带来影响的认知，已经得到了人们的广泛认同。通过对文献的梳理和总结我们可知，近年来国内外学者对企业政治关联的后果研究比较系统和深入，研究成果丰富，但是对会计师事务所政治关联的关注相对较少。在中国的制度背景下，学者们围绕企业政治关联进行研究的成果也十分丰富，但对会计师事务所政治关联的后果进行研究的文献则相对较少。鉴于本书的研究主题，我们主要对中国会计师事务所政治关联后果的相关文献进行整理和总结。

已有文献对会计师事务所政治关联的衡量主要分为以下几种类型：①会计师事务所通过注册会计师当选党代表、人大代表和政协委员建立的政治关联；②会计师事务所合伙人在发审委任职建立的政治关联；③官员视察会计师事务所建立的政治关联；④会计师事务所与脱钩改制前挂靠单位的密切关系建立的政治关联。下面，本书将详细阐述不同类型的会计师事务所政治关联带来的影响。

第一，会计师事务所通过注册会计师当选党代表、人大代表和政协委员建立代表委员类政治关联带来的影响。关于会计师事务所代表委员类政治关联带来的影响，目前仅有极少数学者对此进行了相关研究。李江涛等（2015）以会计师事务所是否存在注册会计师当选党代表、人大代表和政协委员作为衡量会计师事务所是否存在政治关联的依据，实证检验结果显示，政治关联显著提高了会计师事务所的经营业绩，并且市县级、省级和国家级政治关联对会计师事务所经营业绩的影响也不相同，政治关联与会计师事务所经营业绩之间的关系还受到制度环境的影响。王瑜等（2019）以会计师事务所是否存在注册会计师当选党代表、人大代表和政协委员作为衡量会计师事务所政治关联的依据进行实证研究发现，会计师事务所代表委员类政治关联能够显著提高审计收费，并

且通过检验会计师事务所代表委员类政治关联与会计信息质量、盈余反应系数以及被审计客户违规概率之间的关系，证明了会计师事务所建立的代表委员类政治关联主要起到了声誉昭示而不是寻租工具的作用。

第二，会计师事务所通过合伙人在发审委任职建立政治关联带来的影响。现有文献中，有关会计师事务所通过合伙人在发审委任职带来影响的研究成果相对来说比较丰富，但主要是围绕IPO市场进行展开。学者们研究发现，会计师事务所的发审委联系对拟IPO公司的过会率、IPO审计市场份额和IPO审计收费具有显著的正向影响（郭丽虹、刘凤君，2020；陈运森等，2014；杜兴强等，2013；胡旭阳，2015；赖少娟、杜兴强，2012；王兵、辛清泉，2009），但这种影响仅存在于小规模会计师事务所，没有证据发现存在于大规模会计师事务所（Yang，2013）。对于会计师事务所发审委联系与IPO市场审计质量的关系，目前学者们并未达成一致观点。多数学者认为，会计师事务所会利用合伙人在发审委任职获取的专业知识，对企业进行暂时包装，并可能会对其他发审委成员进行游说，提高拟IPO客户的过会率，以获取更高的市场份额和审计费用，但这种寻租行为在企业客户IPO成功后，会受到市场的惩罚，具体表现为IPO后企业客户的累计超额回报率显著下降（Yang，2013；赖少娟、杜兴强，2012），企业未来的业绩和成长性也显著低于审计会计师事务所没有发审委联系的企业（陈运森等，2014）。但是也有学者认为，发审委联系对会计师事务所具有明显激励作用，会计师事务所为了维护来自政府认可的信任声誉会降低企业的盈余管理，提高审计质量（陈辉发等，2012）。通过对有关中小板IPO市场的研究发现，会计师事务所的发审委联系能够显著提高拟IPO民营企业的过会率，民营企业也更偏爱有发审委联系的会计师事务所，并且会计师事务所的发审委联系能够显著提高审计收费溢价，但这种影响仅存在于民营企业（李敏才，2013；李敏才、刘峰，2012）。虽然多数研究认为会计师事务所的发审委联系会提高其IPO客户的审核通过率，但是也有学者基于审计失败视角的研究发现，会计师事务所审计失败后，相较于无发审委联系的会计师事务所，具有发审委联系的会计师事务所无论是否受到处罚，其IPO客户的审核拒绝率均显著提高（原红旗等，

2020）。此外，还有学者研究了会计师事务所的发审委联系与企业再融资审核决策之间的关系，发现会计师事务所的发审委联系能够显著提高上市公司客户的再融资审核通过率（刘凤君、郭丽虹，2019）。

第三，会计师事务所通过官员视察建立政治关联带来的影响。官员视察也被视为企业建立政企关系的一种重要活动（罗党论、应千伟，2012）。官员视察能够提高会计师事务所的议价能力进而对审计费用产生正向影响，并且，本地官员视察比非本地官员视察会计师事务所对审计费用的正向影响更大（张雯等，2017）。

第四，会计师事务所通过脱钩改制前与挂靠单位的密切关系建立政治关联带来的影响。虽然在1999年底，所有会计师事务所都已经完成了脱钩改制工作，脱离了政府部门的直接控制，但是之前与挂靠单位形成的密切关系仍然可能会对会计师事务所产生一定的影响。文献研究发现，会计师事务所曾经的挂靠经历不仅会影响企业对会计师事务所的选择，还会影响会计师事务所发表的审计意见类型。具体而言，会计师事务所更容易被与其有相同政府背景的企业聘请，并且会计师事务所也更倾向于给与其有相同政府背景的企业出具标准审计意见（龚启辉等，2012）。

通过对会计师事务所政治关联的文献进行梳理和总结我们发现，虽然已有研究文献对会计师事务所政治关联的衡量标准并不统一，但是学者们的研究结论均一致表明，会计师事务所政治关联会在很多方面对会计师事务所产生重要影响。

第二节　会计师事务所经济效益的相关研究

经济效益一直都是人们关注的焦点。会计师事务所作为一个自主经营、自负盈亏的社会中介服务机构，具有经济属性，获取经济效益是其生存和发展的基本保障，也是其讲求社会效益的基础和前提。经济效益受到投入和产出两个方面的影响。由于会计师事务所投入数据的特殊性，无法通过公开渠道获取，相关的研究也较少。从经济效益的维度来看，市场份额和审计费用是会计师事务所产出的主要体现。根据上文对会计师事务所政治关联的相关研究进行回顾和梳理我们可知，学者们对会计师事务所政治关联对会计师事务所经济效益的影响也主要围绕市场份额和审计费用两个方面进行相关研究。因此，结合研究主题，本书主要对市场份额和审计费用影响因素的相关文献进行梳理和回顾。

一、市场份额的影响因素研究

鉴于本书的研究主题，我们主要从会计师事务所受罚、财务重述、审计失败、会计师事务所合并、会计师事务所政治关联、会计师事务所强制性轮换以及审计意见等方面对会计师事务所市场份额影响因素的相关文献进行梳理。

多数研究表明，会计师事务所受罚、被审计客户发生财务重述或者会计师事务所发生审计失败后，会对会计师事务所的市场份额带来负向影响。在中国，会计师事务所受到中国证监会处罚后，其声誉受到损害，不仅会降低其接受新客户的能力（李晓慧等，2016），还会降低其保留老客户的能力，特别是那些对高审计质量有需求的客户在会计师事务所受罚后更容易发生会计师事务所变更（李晓慧、孙龙渊，2018），而客户的流失将导致会计师事务所市场份额的降低（方军雄，2009）。被审计客户发生财务重述通常被视为会计师事务所提供了低审计质量的证据。学者们研究发现，上市公司发生财务重述后，审计师和客户之间重新组合的可能性增加（Mande and Son，2013）[①]，会

① 在审计文献中，"审计师"与"会计师事务所"所指对象一致，文中根据语境交替使用。

计师事务所吸引新客户和保留老客户的能力降低，导致其在当地占有的审计市场份额降低，并且这种效应受到审计市场竞争程度的影响，在竞争激烈的市场中较强，在竞争程度低的市场中较弱（Swanquist and Whited，2015）。当会计师事务所由于被审计客户发生财务欺诈等行为而导致审计失败时，通常会导致客户的大量流失，特别是较大的客户和账面市值比较高的客户更倾向于更换会计师事务所（Skinner and Srinivasan，2012），严重的甚至会导致会计师事务所破产。无论是会计师事务所受罚、被审计客户发生财务重述，还是会计师事务所发生审计失败，究其本质都是因为会计师事务所的低审计质量造成的声誉损害，进而导致会计师事务所市场份额的减少。虽然由于研究的对象、方法等方面存在差异，学者们的研究结果不尽相同，例如有学者研究发现，会计师事务所受到批评后，市场份额并没有发生显著变化（Lennox，1999），但是整体研究表明，低审计质量造成的声誉损害会使会计师事务所在审计市场受到惩罚。

会计师事务所合并带来的影响一直是理论界和实务界关注的重点。基于中国审计市场的研究发现，总体上会计师事务所合并显著提高了本土会计师事务所的市场份额（马雯、张秋莲，2012），但是这种现象仅存在于部分大规模会计师事务所（李明辉等，2014）。Pong、Burnett（2006）基于英国审计市场的数据进行研究发现，普华永道合并后增加了会计师事务所所在城市和所在行业的市场份额。Dunn等（2011）基于美国审计市场的数据进行研究发现，国际“五大”会计师事务所（安达信、德勤、安永、毕马威、普华永道）合并为国际“四大”会计师事务所（德勤、安永、毕马威、普华永道）后，“四大”会计师事务所的市场份额不平等程度降低，解释了为什么合并后审计市场集中度提高而竞争程度并未提高的现象。由于研究对象、研究时间、研究方法等方面存在差异，学者们有关会计师事务所合并与会计师事务所市场份额之间关系的研究结论也不完全相同，但整体研究表明，会计师事务所合并会对会计师事务所的市场份额产生一定的影响。

政治关联由于存在的广泛性而成为人们一直关注的话题。由于制度背景的差异，国外有关会计师事务所政治关联的研究大多基于会计师事务所游说政府的视角展开，而中国特殊的制度背景为研究会计师事务所政治关联提供了很好的素材。有关中国会计师事务所政治关联与会计师事务所市场份额的研究，主要基于会计师事务所的发审委联系视角展开，研究发现，会计师事务所的发审委联系（会计师事务所中曾担任往届发审委人员的合伙人人数）对IPO审计市场份额具有正向影响，但在控制了会计师事务所中往届担任发审委委员人数后，会计师事务所本届的发审委联系与IPO审计市场份额之间不存在显著关系（胡旭阳，2015；赖少娟、杜兴强，2012），并且发审委联系对IPO审计市场份额的正向影响仅存在于小规模会计师事务所（Yang，2013）。

审计意见是影响会计师事务所市场份额的一个重要因素。会计师事务所发表的审计意见类型会对被审计客户的融资政策、股利分配政策等方面产生直接影响，因此，当会计师事务所出具非标准审计意见时，可能会导致客户变更会计师事务所，进而对会计师事务所的市场份额产生影响。然而，学者们针对审计意见与会计师事务所变更之间关系的研究结论尚存在分歧。一些学者认为，审计意见与会计师事务所变更之间不存在显著关系（Schwartz and Menon，1985），但是也有学者认为，非标准审计意见和会计师事务所变更之间存在显著的正相关关系（Krishnan et al.，1996）。基于中国审计市场的数据研究发现，前一年度的非标准审计意见与会计师事务所变更之间存在显著的正相关关系（赵保卿等，2013），大规模会计师事务所发表的非标准审计意见增加后会导致其市场份额显著降低（De Fond et al.，2000）。

此外，也有学者基于强制性轮换、转制等视角对会计师事务所市场份额进行了相关研究。例如，吴青川和韩璐（2019）研究发现，针对央企控股上市公司的会计师事务所强制轮换制度加剧了审计市场的竞争，压缩了国际“四大”会计师事务所的市场份额，增加了本土会计师事务所的市场份额，但是国际“四大”会计师事务所仍然控制了资产规模较大的客户资源。张健（2018）研究发现，会计师事务所转制后，在上市公司审计市场中小所与大所的市场份额差距增大。

二、审计费用的影响因素研究

自从1980年Simunic开创性地提出审计定价模型后，学者们对审计费用影响因素进行了大量研究，成果丰富。整体而言，关于审计费用影响因素的研究可以归纳为以下三个方面：基于企业特征视角的研究、基于审计师特征视角的研究和基于其他因素视角的研究。

第一，基于企业特征视角的研究。以往研究表明，企业特征是影响审计费用的重要因素。目前，学者们有关公司规模和经营业务复杂程度对审计费用的影响达成了一致观点，均认为公司规模和经营业务复杂程度与审计费用呈显著正相关关系（Anderson and Zéghal，1994；Francis，1984；Simunic，1980；张晨宇等，2007）。但是，由于研究样本、研究模型、变量设置以及研究视角等方面存在差异，有关企业其他方面特征对审计费用影响的研究结论尚存在分歧。例如，有学者认为，应收账款占总资产的比例或者存货和应收账款占总资产的比例、资产负债率以及上市公司所在地等企业特征与审计费用不存在显著关系（张晨宇等，2007）。然而也有学者持不同观点，认为这些企业特征与审计费用存在显著关系（Anderson and Zéghal，1994；王兵等，2010；张继勋等，2005）。

第二，基于审计师特征视角的研究。已有文献主要从会计师事务所规模、声誉、审计师任期、审计师行业专长等方面研究了审计师特征对审计费用的影响，但是得出的研究结论并不一致。虽然，对于会计师事务所规模（或审计师声誉）和审计师任期与审计费用之间的关系，大多数学者认为会计师事务所规模（或审计师声誉）与审计费用呈显著正相关关系（Francis，1984；Niemi，2004；刘笑霞等，2012；王良成、陈汉文，2010），审计师任期与审计费用呈显著负相关关系（Simunic，1980；王兵等，2010），但是也有少数学者并不认同上述观点，他们认为会计师事务所规模和审计任期与审计费用不存在显著关系（李爽、吴溪，2004），会计师事务所规模与审计费用甚至存在负相关关系（Simunic，1980）。审计师行业专长与审计费用之间的关系也存在不确定性，大多数学者认为，审计师行业专长可以通过差异化效应提高审计费用（DeFond et al.，2000；Zerni，2012；冯银波、叶陈刚，2019）。此外，学者们在考察审计师行业专长与审计费用之间的关系时，可能还需要关注审计师所在城市、行业专长类型、外部竞争压力等因素的影响（陈胜蓝、马慧，2015；Basioudis and Francis，2007；宋子龙、余玉苗，2018）。

第三，基于其他因素视角的研究。除了企业特征和审计师特征外，学者们还基于其他因素，如法律环境、董事高管责任保险、互联网商业模式、审计市场集中度、媒体监督、会计准则改革、审计师轮换等视角，对审计费用展开了相关研究。王良成和陈汉文（2010）认为，法律环境的改善会增加审计师面临的审计风险和加大惩罚力度，进而导致审计费用增加。刘启亮等（2014）研究发现媒体负面报道可能会导致企业的诉讼风险增加，为了降低审计风险，审计师会增加审计投入，进而导致审计费用增加。杨德明和陆明（2017）研究发现企业实施互联网商业模式后会提高审计师面临的重大错报风险和审计成本，导致审计费用增加。袁蓉丽等（2018）研究发现购买董事高管责任保险与审计费用呈显著正相关关系，并且法律环境对二者之间的关系具有调节作用，代理成本起到了部分中介效应。Choi等（2018）研究发现，审计市场集中度与审计费用显著正相关，这与Eshleman和Lawson（2017）的研究结论一致。Choi等（2018）还进一步分析了法律制度和会计师事务所规模对审计市场集中度与审计费用之间正相关关系的影响。具体而言，在法律制度不完善的国家，两者之间的关系更加显著，但是随着法律制度的完善，两者之间关系减弱甚至变成负相关；相较于国际“四大”会计师事务所，两者之间的关系在非国际“四大”会计师事务所客户中更加显著。

第三节　会计师事务所社会效益的相关研究

会计师事务所不同于一般的经济组织，其审计行为具有外部性，提供的审计服务产品具有社会公共消费品的性质，其审计鉴证职能决定了会计师事务所不仅具有经济属性，还具有社会属性，要重视其社会效益。然而，目前鲜有文献对会计师事务所的社会效益进行研究。会计师事务所的社会属性决定了其要保持独立和公正，增强会计信息的可靠性和社会公信力，保障经济社会的正常运行和健康发展，而这主要依赖审计服务质量。因此，会计师事务所对社会效益的追求主要体现在审计质量方面。

审计质量是审计工作的灵魂和生命线，是会计师事务所赖以生存和发展的根本。审计质量一直都是理论界、实务界和监管者关注的焦点，学术界聚焦审计质量的影响因素并做了大量研究，成果颇丰。为此，结合本书研究，我们对审计质量影响因素的文献进行梳理和归纳。整体而言，关于审计质量的影响因素可以归纳为以下四个方面：审计服务供给方特征、审计服务需求方特征、审计服务供给方与审计服务需求方的关系以及外部环境特征。

第一，审计服务供给方特征对审计质量的影响。以往有关审计服务供给方特征对审计质量影响的研究文献主要围绕会计师事务所的规模、声誉、行业专长、审计任期以及注册会计师个人特征等方面展开研究。一些学者认为，基于维护声誉、避免丧失大量准租和降低诉讼风险的考虑，大规模、高声誉的会计师事务所有动机提供高质量的审计服务（De Fond et al.，2016；De Angelo，1981；Dye，1993），因此，国际“四大”会计师事务所规模常被用来作为高质量审计的替代变量（步丹璐、屠长文，2017）。但是，也有一些学者对上述观点持有异议，认为大所并未保持一贯的高质量审计，基于自身面临环境的变化，具有“相机决策”的理性经济人行为（王兵等，2011）。

审计质量的高低主要取决于审计师独立性和专业胜任能力（De Angelo，1981），专业胜任能力受到审计师行业专长的影响。虽然有一些学者研究发现行业专长与审计质量不存在显著关系或呈负相关关系（Butar-Butar and Lily Indarto，2018；刘桂良、牟谦，2008），但总体而言，大多数学者均认为，总所层面、分所层面和审计项目团队的行业专长均能够有效抑制企业的盈余管理行为，提高盈余质量，相对于“低成本型”行业专长，审计项目团队的“产品型”行业专长对审计质量的积极影响更加显著（Reichelt and Wang，

2010；刘文军，2012；宋子龙、余玉苗，2018），但是，会计师事务所行业专长对审计质量的正向影响还可能受到审计任期（李思飞等，2014）、公司内部控制（范经华等，2013）、制度环境（谢盛纹、孙俊奇，2010）等因素的影响。也有学者认为，会计师事务所行业专长与审计质量并非呈简单的线性关系，而是呈"U"型函数关系（陈丽红、张龙平，2010）。

审计任期对审计质量的影响尚没有统一定论。一种观点认为，审计任期越长，审计师积累的大量客户专属知识使其更容易发现财务报表中存在的问题，抑制公司的盈余管理行为，进而提高审计质量（Myers et al.，2003）；另一种观点则认为，审计任期越长，会计师事务所及其注册会计师与客户的关系可能越亲密，会降低审计师的谨慎性和独立性，降低对客户会计稳健性的要求，进而对审计质量造成负面影响（朱松等，2010）；还有一种观点认为，审计任期与审计质量之间并非呈简单的线性关系，而是呈倒"U"型关系（饶翠华、杨燕，2011），这意味着审计任期过短或过长都会对审计质量产生消极影响。

近年来，学者们对审计质量的研究已从会计师事务所等宏观层面拓展到了注册会计师个人层面，如已有文献研究发现，注册会计师个人的受教育经历、年龄、性别、经验、政治面貌以及获取资格证书等特征会对审计质量产生影响（唐衍军、蒋煦涵，2020；Cheng et al.，2009；Gul et al.，2013；王晓珂等，2016；叶琼燕、于忠泊，2011；丁利等，2012；郭春林，2014），但是目前尚未完全达成一致观点。例如，有学者研究发现，注册会计师的年龄越大，越能够有效地抑制公司的盈余管理行为，提高审计质量（叶琼燕、于忠泊，2011）；但也有学者持不同观点，认为注册会计师年龄与审计质量的正向关系仅存在于可操纵性应计利润为负或可操纵性应计利润为正的情况（丁利等，2012；刘笑霞、李明辉，2012）。

也有学者考察了会计师事务所组织形式（刘启亮等，2015；刘行健、王开田，2014）、国际会计公司成员所（曾亚敏、张俊生，2014）、会计师事务所的地区竞争优势（原红旗、韩维芳，2012）、审计师校友关系等特征对审计质量的影响（王德宏等，2017）。

第二，审计服务需求方特征对审计质量的影响。有关审计服务需求方特征对审计质量的影响，现有研究主要围绕公司治理、政治关联等方面展开相关研究。部分学者研究发现，内部控制质量（蒋尧明等，2017）、第一大股东持股比例（吴昊旻等，2015）、代理成本（高雷、张杰，2011）、审计委员会的设立及其成立时间（刘力、马贤明，2008）与审计质量之间呈显著正相关关系。而管理层持股由于能够减少代理冲突，降低了公司对高审计质量的需求（高雷、张杰，2011）。当然，也有学者不赞同上述观点。例如一些学者认为，审计委员会的制度安排并没有发挥应有的作用，不能有效提高审计师的独立性（张阳、张立民，2007），对审计质量没有显著影响（Rainsbury et al.，2009）。

企业政治关联会对审计质量产生负面影响。政治关联不但会降低审计师变更的概率和外资持股企业对高质量审计的需求（步丹璐、屠长文，2017），还会减少企业被出具非标准审计意见的概率（杨玉龙等，2014），使国际“四大”会计师事务所对其采取更为宽松的审计策略，但是法律环境的改善会减弱政治关联对国际“四大”会计师事务所执业行为的负面影响（王黎华、刘启亮，2015）。进一步区分政治关联类型后发现，民营企业的代表委员类政治关联能够增强企业的自律型治理动机，进而增加企业对高质量审计的需求（潘克勤，2010）。

第三，审计服务供给方与审计服务需求方的关系对审计质量的影响。有关审计服务供给方与审计服务需求方的关系对审计质量的影响，现有研究主要围绕客户重要性、非审计服务以及变更与轮换等方面展开。客户重要性也称为经济依赖性，现有文献对经济依赖性与审计质量之间的关系尚未达成一致观点。一些学者认为，审计师对客户的经济依赖性会损害审计师的独立性，提高审计师对客户盈余管理的容忍度，进而导致审计质量降低（贾楠、李丹，2015；刘骏、冯倩，2016）。也有一些学者不认同上述观点，认为客户重要性会增强审计师的谨慎性，增加客户被出具严格审计意见的概率（方军雄，2007），特别是对于高声誉会计师事务所，基于维护声誉的考虑，在出具审计报告时对于容易带来更高诉讼风险的大客户会更加谨慎（Reynolds and Francis，2001）。客户重要性与审计质量之间的关系受到会计师事务所规模以及制度环境等方面的影响，审计环境的改善能够有效增强审计师的独立性和谨慎性，降低客户重要性对审计质量的损害，有利于提高审计质量（喻小明等，2008）。

非审计服务可能会增加审计师对客户的经济依赖性，降低审计师独立性，提高审计师对客户的盈余管理容忍度，进而导致审计质量降低（Srinidhi and Gul，2007；唐滔智等，2014）。但也有学者持不同观点，认为向客户提供非审计服务并不会损害审计师的实质独立性和审计质量（刘星等，2006），非审计服务的知识溢出效应能够减少审计师对审计鉴证业务的依赖性，增强审计师的独立性，抑制企业的盈余管理程度，有助于提高审计质量（Koh et al.，2013；李晓慧、庄飞鹏，2014）。

还有学者研究了会计师事务所变更（马晨等，2014）、高管的审计师工作背景（刘继红、章丽珠，2014）、高管会计师事务所关联等因素对审计质量的影响（王清、王洋洋，2018；Du，2019；刘继红，2019）。

第四，外部环境特征对审计质量的影响。有关外部环境对审计质量的影响，学者们主要围绕地区法律环境、监管制度以及非监管性处罚等方面展开相关研究。大多数学者认为，法律环境影响审计师面临的诉讼风险和惩戒风险，法律环境和监管环境的改善会增加审计师提供高质量审计的动机（宋衍蘅、肖星，2012；吴昊旻等，2015）。但也有学者对上述观点持有异议，认为监管环境的改善和惩戒力度的加大对提升审计质量的作用十分有限（王兵等，2011）。除了处罚性监管，学者们还研究了非处罚性监管对审计质量的影响，发现审计约谈制度具有明显的直接效果，但这种效果仅存在于受到风险提示的客户和小规模会计师事务所（黄益雄、李长爱，2016；吴溪等，2014）；问询函制度有助于提高审计质量（Gietzmann and Pettinicchio，2014；陶雄华、曹松威，2019），但两者之间的关系受到企业政治关联和产权性质的影响（陈运森等，2018）。此外，还有学者研究了政府低价管制（段特奇等，2013）、区域会计师事务所数量等因素对审计质量的影响（程璐等，2019）。

通过文献梳理可知，虽然目前国内外学者对审计质量的影响因素进行了多角度、多方面分析，但是由于审计质量的不可观测性，学术界对于审计质量的衡量指标尚未达成一致意见，审计质量衡量指标的多样化，再加上研究背景、方法等方面的差异，导致学术界对审计质量影响因素的研究结论不尽相同。

第四节 文献述评

围绕研究主题，本书主要从政治关联、会计师事务所经济效益和会计师事务所社会效益三个方面对相关文献进行梳理和总结，发现这些方面的研究成果丰富，为本书的研究提供了重要的文献支撑和思路借鉴，但仍有值得进一步探讨和研究的地方，这为本书开展会计师事务所政治关联的后果研究提供了机会。

第一，以往文献对于政治关联的研究主要集中在企业政治关联方面，对于会计师事务所政治关联的研究相对较少。现有关于会计师事务所政治关联的文献，主要围绕会计师事务所的合伙人在发审委任职的视角展开，较少文献对会计师事务所代表委员类政治关联的后果进行研究。本书以注册会计师当选党代表、人大代表和政协委员为切入点，从经济效益和社会效益两个维度对会计师事务所政治关联的后果及其作用机理进行研究，丰富了政治关联的研究文献。

第二，会计师事务所市场份额是会计师事务所经济效益的主要体现。以往文献对于市场份额影响因素的研究主要集中在会计师事务所受罚、财务重述、审计失败、会计师事务所合并、会计师事务所强制性轮换以及审计意见等方面，现有的关于会计师事务所政治关联对市场份额影响的研究主要基于会计师事务所的发审委联系视角。本书基于代表委员类政治关联视角，研究会计师事务所政治关联的建立对市场份额的影响及其作用机理，以及会计师事务所政治关联从有到无的情况对市场份额的影响，扩展和丰富了市场份额和会计师事务所经济效益的研究成果。

第三，审计费用是会计师事务所经济效益的主要体现。以往文献对于审计费用影响因素的研究主要集中在企业特征、审计师特征以及其他因素等方面，现有的关于会计师事务所政治关联对审计费用影响的研究文献主要基于会计师事务所的发审委联系视角展开，仅有极少文献考察了会计师事务所代表委员类政治关联对审计费用的影响，且只是说明了“是什么”的问题。不同于已有文献，本书基于代表委员类政治关联视角的研究不仅考察了会计师事务所政治关联对审计费用的影响及其作用机理，还探究了可能影响会计师事务所政治关联发挥作用的因素，同时还分析了会计师事务所政治关联从有到无的情况对审计费用产生的影响，丰富了审计费用和会计师事务所经济效益的相关研究。

第四，审计质量是会计师事务所社会效益的主要体现。以往文献对于审计质量影响因素的研究主要集中在审计服务供给方特征、审计服务需求方特征、审计服务供给方与审计服务需求方关系以及外部环境特征等方面，现有关于会计师事务所政治关联对审计质量影响的研究主要基于会计师事务所的发审委联系视角，仅有的少数关于会计师事务所代表委员类政治关联的研究文献，且只是验证了会计师事务所代表委员类政治关联与会计信息质量、盈余反应系数和被审计客户违规概率之间的关系。本书对会计师事务所代表委员类政治关联与审计质量之间关系的研究，不仅说明了“是什么”的问题，还分析了会计师事务所政治关联影响审计质量的作用机理，进一步考察了会计师事务所政治关联从有到无对审计质量的影响，丰富了审计质量和会计师事务所社会效益的相关研究。

第五，本书以注册会计师行业代表人士获得代表委员类政治身份为切入点，基于会计师事务所的双重属性，从经济效益和社会效益两个维度将反映事务所经济效益的市场份额和审计费用、反映社会效益的审计质量纳入一个研究框架，系统全面地研究会计师事务所政治关联的后果及其作用机理，不仅丰富了会计师事务所政治关联后果和审计方面的研究文献，研究结论对于会计师事务所、政府及监管部门等利益相关者也具有一定的借鉴和启示作用。

第二章 制度背景与理论基础

第一节 会计师事务所及其服务产品的双重属性

随着中国注册会计师行业的恢复重建和不断发展，会计师事务所的性质、地位和组织形式也发生了变化，特别是脱钩改制后，会计师事务所的组织属性引起了很大争议。本书认为，会计师事务所及其服务产品具有双重属性：经济属性和社会属性。

一、会计师事务所及其服务产品的经济属性

随着中国市场经济的不断发展，会计师事务所的性质和地位也不断发生变化。由图2-1可知，会计师事务所的性质和地位经历了事业单位—机构—社会中介机构的转变。从注册会计师行业恢复重建到会计师事务所脱钩改制完成，会计师事务所审计风险也随之从由国家承担转变为由依法设立、自主经营、自负盈亏、自担风险、自我约束和自我发展的社会中介机构承担，从国有转变为民营，从官办转变为自主，从国有产权关系转变为私有产权关系（张立民、唐松华，2008）。

在会计师事务所完成脱钩改制后，作为社会中介机构的会计师事务所就是一个经济组织，与其他经济组织一样面临着生存和发展的压力，要在市场竞争中求得生存和发展，需要以盈利为目的，遵循成本效益原则，追求自身

利益最大化。

会计师事务所提供的服务产品是注册会计师和其他专业人员的劳动成果，其价格受到市场供求和竞争的影响，需要委托人在社会中介服务市场通过有偿购买的方式取得其所有权和使用权，满足委托人的需要（胡波，2007）。从产品的属性和提供方式来看，会计师事务所提供的服务产品是具有价值和使用价值的商品，具有商品的经济属性。

因此，根据对会计师事务所的性质、地位及其服务产品的分析可知，会计师事务所及其服务产品具有经济属性。

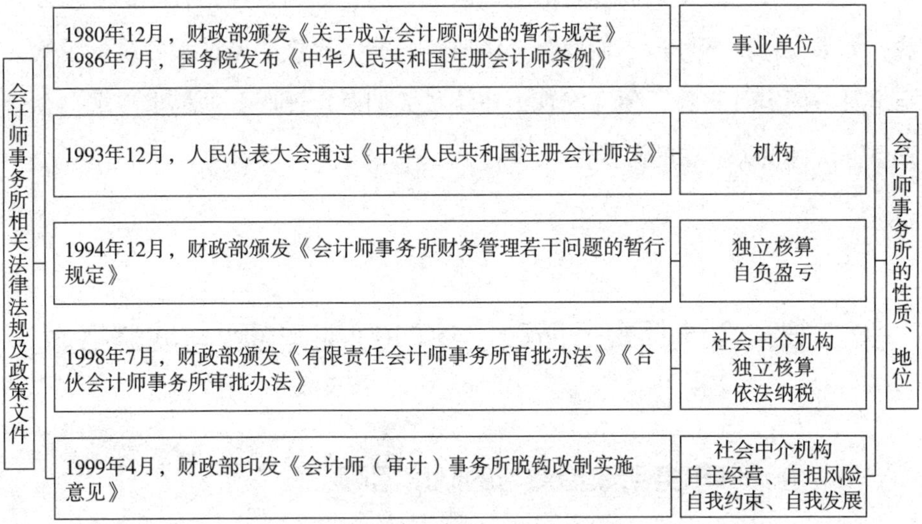

图 2-1　会计师事务所的性质、地位变化

二、会计师事务所及其服务产品的社会属性

由上述的分析可知，会计师事务所作为一个经济组织具有经济属性，盈利是其生存和发展的内在动力和经营目标。然而，与一般的经济组织不同，会计师事务所同时还是一个准公共服务的社会组织，承担着审计鉴证职能，其提供的审计服务产品是一种准公共产品，除了具有一般商品属性外，还具

有社会公共消费品的特质：非排他性和非竞争性（胡波，2007）。

会计师事务所提供的审计产品要发挥审计治理效应，保证会计信息的可靠性，增强被审计客户会计信息的社会公信力，发挥注册会计师审计的经济监督作用，维护投资者的合法权益和社会公共利益，保障经济社会的正常运行和健康发展。因此，会计师事务所及其服务产品具有社会属性。

虽然会计师事务所的经济属性决定了其具有追逐经济利益的"经济人"特征，但是注册会计师审计机制源于市场经济条件下人们对会计信息可靠性保证的需求，会计师事务所更应体现"经济警察"的经济监督职能，保持独立、客观和公正，提供高质量的鉴证服务，履行社会责任，实现良好社会效益。如果会计师事务所不能履行经济监督职能，提供的鉴证服务质量较低甚至出具虚假审计报告，便在客观上违背了人们对审计服务的根本需求，会计师事务所将丧失存在的必要性。

第二节　会计师事务所政治参与的制度回顾与战略考量

一、会计师事务所政治参与的制度回顾

（一）人民政协制度

中国人民政治协商会议（简称人民政协）自1949年9月21日诞生之日起，就在我国政治生活中发挥着不可替代的重要作用。随着全党全国工作重心的转移，人民政协的性质和作用不断丰富和发展，其任务和职能也随之发生了变化。从改革开放到党的十八大，人民政协的性质和作用从"人民民主统一战线的组织形式"逐步完善确定为"中国人民爱国统一战线的组织""中国共产党领导的多党合作和政治协商的重要机构""发扬社会主义民主的重要形式""国家治理体系的重要组成部分""具有中国特色的制度安排"。

人民政协实行委员制，政协委员是政协工作的主体。政协章程对政协委员的产生、权利和义务等方面做出了明确规定。人民政协按界别来组成，政协委员以协商的办法产生，一般经过提名推荐、协商确定、常务委员会协商和公布四个环节。每届全国（地方）委员会的参加单位、委员名额和人选及界别设置，经上届全国（地方）委员会主席会议审议同意后，由常务委员会协商决定。全国委员会和地方委员会每届任期5年。根据政协章程第三章第三十条的规定，要成为政协委员，除了要具备爱国主义情怀、较高的政治素养等，还应是本届别中有社会影响的代表人物，有一定的参政议政能力。政协章程不仅规定了成为政协委员应具备的条件以及对政协委员的基本要求，还针对政协委员存在不能履行义务、存在或涉嫌违法违纪等情况规定了处理办法，这既维护了政协组织原则，也对保证委员切实履行义务具有监督作用。

作为政协工作的主体，政协委员是否履职尽责直接关系着人民政协的职能履行和作用发挥。为了进一步推动政协工作提质增效，2019年2月26日，政协第十三届全国委员会第十六次主席会议通过了《全国政协关于进一步提高协商议政质量的意见（试行）》《全国政协协商议政质量评价工作办法（试行）》，并制定了双周协商座谈会、专题调研、提案、社情民意信息四个方面的质量评价标准表，这对于激励政协委员提升履职能力、切实发挥政协委员的主体作用具有非常重要的意义。

（二）党代表大会制度

1921年7月召开的中共一大不仅宣告了中国共产党的成立，还标志着党代表大会制度的初步建立。中国共产党领导是中国特色社会主义最本质的特征，中国共产党是国家最高政治领导力量，党的全国代表大会制度是中国政治制度的灵魂。党的全国代表大会史可以划分为以下三个时期：新民主主义革命时期、社会主义革命和建设时期、改革开放和社会主义现代化建设新时期（吴德刚，2018）。

党代表是党代表大会的构成基础和细胞，是党代表大会活动的主体。党代表是按照党内相关法规由党员经直接选举或间接选举的方式产生的，实行任期制，一般为5年。党代表不仅代表个人，更是广大党员群众的代表，在履职行权的同时，必须接受党员和群众的监督。根据《中国共产党全国代表大会和地方各级代表大会代表任期制暂行条例》的规定，党代表所在党组织及选举单位的党员，可以通过一定方式了解代表开展工作的情况。若在任期内出现受留党察看以上处分或被停止党籍等情形，党代表资格将被终止。

（三）人民代表大会制度

1954年9月，全国人民代表大会第一次会议召开，人民代表大会制度正式建立。改革开放40多年来，宪法若干规定的修正，选举法、代表法和地方组织法等的修改，发展和完善了人民代表大会制度。新中国人民代表大会制度的演进可以划分为以下三个阶段：合法化阶段（1949—1978年）、法制化阶段（1979—1994年）和调适性阶段（1995年至今）（何俊志，2010）。在不同的阶段，人民代表大会制度的发展重心不同。人民代表大会制度是我国的根本政治制度，是国家制度和治理体系的基石，人民代表大会是人民行使国家权力的机关，全国人民代表大会是最高国家权力机关。

按照我国宪法和选举法的规定，只要满足具有中国国籍、年满18周岁和选举时未被剥夺政治权利三个条件的人就有选举权和被选举权。选举法规定，全国人大代表的名额不超过3000人，名额分配由全国人大常委会根据情况决定。选举法对地方各级人大代表的名额基数、增加数和总额做了具体规定，名额分配由本级人大常委会或选举委员会结合本地区的具体情况决定。在人大代表名额分配上，要求贯彻体现人人平等、地区平等和民族平等的原则。人人平等是指城乡按相同人口比例选举人大代表，地区平等是指同级行政区域具有相同的人大代表基本名额数，民族平等是指每个少数民族至少应有人大代表1人。全国和地方各级人大代表候选人按选区或者选举单位提名产生，人大代表实行差额选举。各级人大代表均实行任期制，每届任期均为5年，县乡两级人大代表由选民直接选举产生，县级以上人大代表由下一级人民代表大会间接选举产生。直接选举主要经过选区划分、选民登记、推荐和确定代表候选人、投票选举四个环节，间接选举经过分配代表名额、提出和确定代表候选人、进行选举三个环节。

人大代表不同于政协委员和党代表，它是一种特定的政治职务。全国和地方各级人大代表是最高国家权力机关和地方各级权力机关组成人员。人大代表是人民代表大会的细胞，其素质和能力的高低直接关系到人民代表大会职能作用的发挥。在实际生活中，只有各个方面的先进分子才能够被提名为人大代表候选人。人大代表依法享有选举权、表决权等多项权利，同时需要履行相应的义务，受到选民或者原选举单位的监督。选民或者选举单位有权依法罢免自己选出的代表。除了代表法对暂时停止代表职务和终止人大代表资格有一些原则性规定，对于人大代表的履职监督缺乏细化的考核和奖惩措施。人大代表有各自的工作岗位，应当正确处理本职工作与执行代表职务的关系，禁止利用执行代表职务牟取私利。

二、国家鼓励会计师事务所政治参与的战略考量

经济越发展，审计越重要。随着中国社会主义市场经济体制的初步建立和逐步完善，注册会计师制度也得到了恢复和不断发展。1980年12月23日财政部印发的《关于成立会计顾问处的暂行规定》，是中国注册会计师制度恢复重建的开端。自该制度恢复重建以来，财政部、中注协等颁布（发布）实施的一系列相关法律法规、政策及制度文件，例如《中华人民共和国注册会计师法》《会计师（审计）事务所脱钩改制实施意见》等，奠定了注册会计师行业发展的基础。

1993年11月，党的十四届三中全会通过了《关于建立社会主义市场经济体制若干问题的决定》，明确提出要着重发展会计师事务所，充分发挥其监督作用。改革开放40多年来，注册会计师审计已成为中国社会监督体系的重要组成部分，对于保障中国社会主义市场经济健康发展具有举足轻重的作用。近年来，国家发布了一系列相关法律法规及政策文件，以推动会计师事务所

做大做强，提高行业发展质量，树立良好国际品牌，在社会主义市场经济中发挥更大的作用。主要的法律法规及政策文件如图2-2所示。

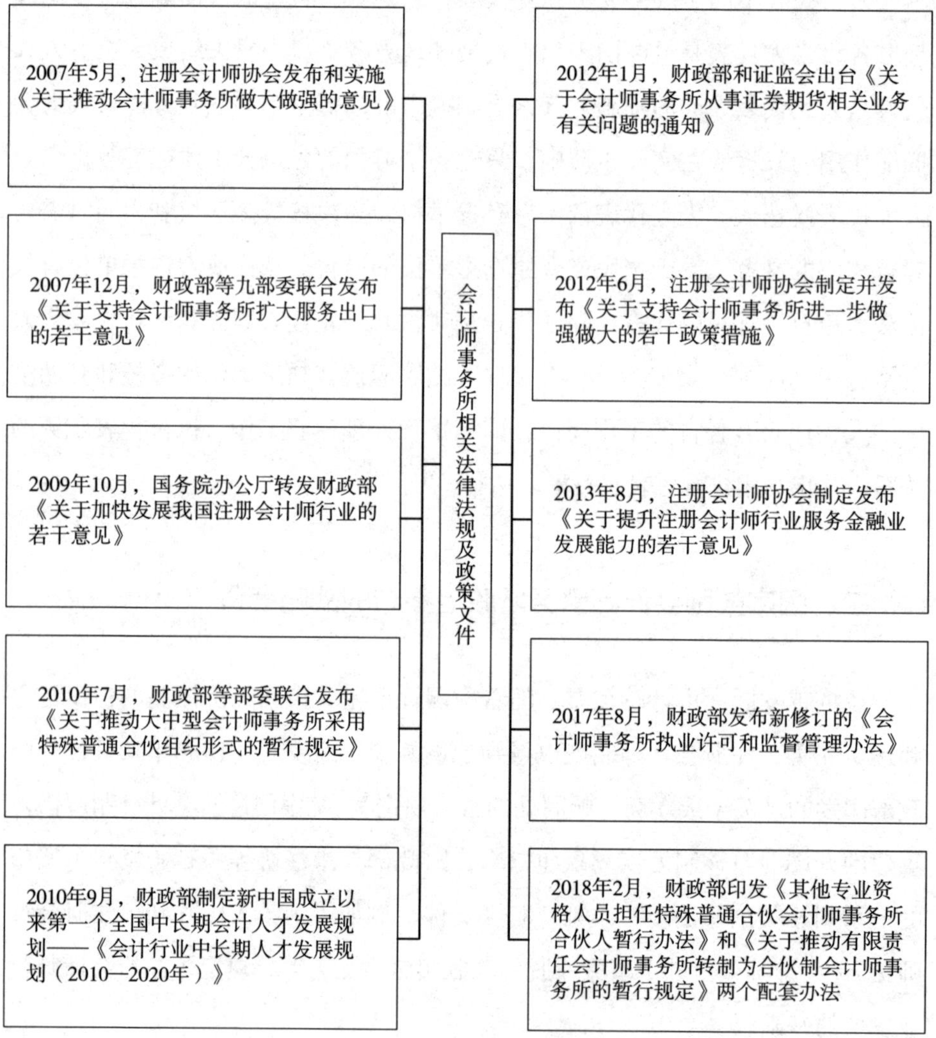

图2-2　会计师事务所相关法律法规及政策文件

注册会计师不仅具有“经济警察”的称号，是资本市场的“看门人”，同时还是新的社会阶层人士的重要组成部分，是保障我国社会主义市场经济正常运行、促进经济社会健康发展的一支重要力量。注册会计师独立审计具有服务市场治理和国家治理的功能。市场经济越发展，改革开放越深入，注册会计师审计就越重要。近年来，国家越来越重视注册会计师在政治建设、经济建设、社会建设等方面的重要作用。为了更好地发挥注册会计师在经济健康发展、加强和创新社会管理、实施人才强国战略、增强党的凝聚力和影响力、巩固党的阶级基础等方面的作用，2011年12月2日，中央统战部和财政部党组印发的《意见》明确提出，要加大向各级人大、政府、政协及有关人民团体推荐提名的工作力度。《意见》的发布使得在随后的换届选举中注册会计师行业代表人士当选党代表、人大代表、政协委员的人数大幅度增加。

国家鼓励注册会计师行业代表人士当选党代表、人大代表和政协委员，这不仅能够增强他们的政治意识，提高他们的政治站位，充分利用他们的专业知识为国家的发展建言献策，同时还可以发挥他们在注册会计师行业中的“风向标”作用，提高审计治理效应，取得良好的社会效益，提升行业诚信建设和国家治理水平。

第三节　会计师事务所政治关联的实践现状与外部环境

一、会计师事务所政治关联的实践现状

为了能够从整体上了解拥有政治身份的注册会计师的基本信息，本书首先对其进行了相关描述性统计分析。表2-1呈现了对拥有不同政治身份的注册会计师人数的初步统计分析结果[①]。由表2-1我们可知，相较于2008—2012年，2013—2017年注册会计师当选省级和国家级党代表、人大代表和政协委员的人

---

① 2013—2017年，有2人同时拥有两种政治身份。在对拥有不同政治身份的注册会计师人数进行统计时，如果1人同时拥有两种政治身份，分别按照其拥有的政治身份类型进行人数统计。

数大幅度增加。而且，在政协委员、人大代表和党代表三种类型中，无论是从省级层面还是从国家级层面来看，注册会计师当选政协委员的人数都最多。

表2-2进一步呈现了证券资格会计师事务所和非证券资格会计师事务所拥有的不同政治身份的注册会计师人数的统计结果①。根据表2-2我们可知，对于省级党代表、人大代表和政协委员，相较于证券资格会计师事务所，2008—2012年非证券资格会计师事务所当选的注册会计师人数更多，2013—2017年两类会计师事务所当选总人数的差距缩小。对于国家级党代表、人大代表和政协委员，通常情况下当选的注册会计师所在会计师事务所为证券资格会计师事务所。

表2-1 拥有不同政治身份的注册会计师人数 单位：人

政治身份类型	2008—2012 年	2013—2017 年
省政协委员	15	57
省人大代表	2	12
省党代表	0	7
全国政协委员	3	5
全国人大代表	1	1
全国党代表	0	1
总人数	21	83

表2-2 证券资格和非证券资格会计师事务所拥有不同政治身份的注册会计师人数

单位：人

政治身份类型	2008—2012 年		2013—2017 年	
	证券资格会计师事务所	非证券资格会计师事务所	证券资格会计师事务所	非证券资格会计师事务所
省政协委员	5	10	28	29
省人大代表	0	2	4	8

① 对于表2-2中的统计分析，仅依据2013年拥有政治身份的注册会计师所在事务所是否属于证券资格会计师事务所，并未考虑2013年之后该会计师事务所发生合并或拥有政治身份的注册会计师跳槽等因素。

续表

政治身份类型	2008—2012 年		2013—2017 年	
	证券资格会计师事务所	非证券资格会计师事务所	证券资格会计师事务所	非证券资格会计师事务所
省党代表	0	0	4	3
全国政协委员	3	0	4	1
全国人大代表	1	0	1	0
全国党代表	0	0	1	0
总人数	9	12	42	41

本书根据搜集的注册会计师政治关联数据，对证券资格会计师事务所建立政治关联的情况进行了统计分析。分析结果发现，在财政部公布的2012年和2013年具有证券资格的48家会计师事务所中①，有22家会计师事务所建立了政治关联，有26家会计师事务所未建立政治关联；在22家建立政治关联的会计师事务所中，有16家会计师事务所只存在1种类型的政治关联，有6家会计师事务所存在2种或3种类型的政治关联②。

对于2013年开始任期的党代表、人大代表和政协委员，他们的选举是在2012年底之前结束的，因此，本书根据2012年中注协公布的百家会计师事务所排名对政治关联会计师事务所的排名情况以及“十大”和“非十大”会计师事务所中拥有政治身份的注册会计师人数进行了统计分析。统计分析结果包括：在22家有政治关联的证券资格会计师事务所中，“十大”会计师事务所中有9家会计师事务所均是政治关联会计师事务所；对于拥有省级和国家级政治身份的42名注册会计师行业代表人士，其所在会计师事务所属于“十大”会计师事务所的有25名，属于“非十大”会计师事务所的有17名。对于这种结果，本书根据搜集的注册会计师当选党代表、人大代表和政协委员的数据进行分析，发现原因可能是“十大”会计师事务所在全国各省（自治区、直

① 财政部公布的2012年和2013年具有证券期货资格的会计师事务所没有发生变化。

② 这里的政治关联类型是指以下六种情况：省级党代表、省级人大代表、省级政协委员、全国党代表、全国人大代表和全国政协委员。

辖市）设立了相对较多的分所，而分所中注册会计师获得的政治身份增加了“十大”会计师事务所中拥有政治身份的注册会计师的总人数。需要说明的是，对于名额更加“稀缺”的全国党代表、人大代表和政协委员，2013年“十大”会计师事务所有4人当选，“非十大”会计师事务所（包括1家非证券资格会计师事务所）有3人当选。

此外，本书还分析了当选省级及以上党代表、人大代表和政协委员的注册会计师在会计师事务所中的任职情况，发现无论是在非证券资格会计师事务所，还是在证券资格会计师事务所，这些拥有省级及以上政治身份的注册会计师并不是会计师事务所的普通员工，他们通常是会计师事务所的合伙人，并且在会计师事务所中拥有一定的职位，比如董事长、首席合伙人、主任会计师、副主任会计师、分所所长或副所长、总经理、总监等，属于会计师事务所的决策层，参与会计师事务所的经营决策，对于会计师事务所的客户承接、审计收费、审计意见发表、审计质量等审计行为具有重要影响。

根据以上分析我们可知，政府高度重视并不断强化作为新的社会阶层人士的注册会计师在政治建设、经济建设和国家治理等方面的作用，特别是《意见》发布后，注册会计师当选党代表、人大代表和政协委员的人数大幅增加。上述的分析表明，注册会计师行业党代表、人大代表和政协委员的推荐和选举并没有因为关注证券资格会计师事务所和大规模会计师事务所而忽视非证券资格会计师事务所和小规模会计师事务所在行业发展、政治建设和经济建设等方面的作用。而且我们可以肯定的是，能够当选省级和国家级党代表、人大代表和政协委员的注册会计师具有过硬的政治素养，属于注册会计师行业的资深专家，既是会计师事务所经营决策的参与者，也是行业的代表人士，他们的执业态度和执业行为不仅会对其所在会计师事务所产生重要影响，还会对整个注册会计师行业的诚信建设和健康发展产生重要影响，甚至可能会影响到整个中国社会的诚信建设、经济发展和社会治理。

因此，在当前推进诚信社会建设、提升社会治理水平的背景下，研究注册会计师获得代表委员类政治身份带来的影响对会计师事务所、注册会计师行业和政府监管部门来说都具有非常重要的现实意义。由于无法从公开渠道获得非证券资格会计师事务所及其审计客户的数据，所以，基于对数据可获得性的考虑，本书以证券资格会计师事务所及其上市公司客户为对象，从经济效益和社会效益两个维度考察会计师事务所政治关联带来的影响。

二、会计师事务所政治关联的外部环境

2013年前后，注册会计师行业面临的执业环境和审计风险发生了较大的变化，主要体现在以下几个方面：①2012年党的十八大之后反腐新政的实施对中国的经济、政治、社会等各个方面产生了广泛而深远的影响，优化了整个国家的法治环境，而法治环境的改善将会提高会计师事务所面临的法律风险，同时也会抑制政治关联企业和政治关联会计师事务所的政治寻租动机。文献研究还表明，相较于党的十八大以前，十八大以后的反腐行动不仅会提高企业面临的政治风险和法律风险，导致国有企业、政治关联企业或者有政治寻租的企业的市场价值在短期内出现显著下降（应千伟等，2016），还会提高审计师面临的执业风险，进而导致审计师收取更高的审计费用，并且对国有企业的审计收费显著高于非国有企业（余鹏翼、刘先敏，2018）。②2012年1月21日，财政部和证监会关于会计师事务所“两年两单”的规定[①]使会计师事务所面临的行业监管环境更加严格，直接影响到会计师事务所对证券期货类业务的承接，加大了对会计师事务所违规违法行为的惩罚。③2013年底，证券资格会计师事务所的转制工作已全部完成[②]。从法律形式上看，会计师事务所转制后将会增加审计师面

① “两年两单”是指财政部和证监会在2012年1月针对2007年4月发布的《关于会计师事务所从事证券期货相关业务有关问题的通知》的修订稿中的新规定，即两年内证券资格会计师事务所在执业活动中受到两次以上行政处罚、刑事处罚的，在整改和接受核查期间不得承接新的证券业务。

② 会计师事务所转制是指证券资格会计师事务所的组织形式从有限责任公司制转变为特殊普通合伙制。

临的法律责任，从而会对审计师的行为及会计师事务所所占的市场份额产生影响。例如，张健（2018）研究发现，与大所相比，会计师事务所转制显著提高了中小所的审计质量和审计费用，但同时也加大了中小所与大所之间的市场份额差距；闫焕民等（2015）研究发现，会计师事务所转制后对高风险客户收取了更高的审计费用率。总体而言，学者们的研究表明，会计师事务所转制强化了审计师的法律责任，增强了审计师的风险意识，进而对审计师的行为产生了影响。

通过分析可知，无论是党的十八大后的铁腕反腐行动，还是2012年对于证券资格会计师事务所的“两年两单”新规定，抑或是从2010年开始到2013年底证券资格会计师事务所转制工作的全部完成，均会提高审计师面临的审计风险，进而会对审计师的行为和整个审计市场产生影响。总体而言，这些事件对审计师产生显著影响的分界点都可以归为2013年，即相较于2013年之前，2013年之后，审计师的执业环境发生了较大变化，强化了审计师的法律责任，提高了审计师面临的风险，增强了审计师的风险意识。

注册会计师行业执业环境的变化，会在很大程度上影响会计师事务所的政治关联使用动机和执业行为。而且，《意见》的发布使得注册会计师当选党代表、人大代表和政协委员的人次数从2013年开始大幅度增加。因此，为了尽量避免上述事件对本书研究可能产生的噪声干扰，得到更加干净的研究样本，增强研究结论的可靠性，本书将2013—2017年作为样本的主要研究期间，考察当前监管趋严的背景下会计师事务所政治关联带来的影响。

第四节　会计师事务所政治关联研究的理论框架

本书主要从经济效益和社会效益两个维度考察会计师事务所代表委员类政治关联在微观层面带来的影响，结合本书的研究主题，我们介绍了效益原理、声誉理论、动机理论和寻租理论，并在此基础上提出本书的理论分析框架，为本书的研究提供理论基础。

一、基础理论

（一）效益原理

效益原理认为，任何组织管理都是为了获得某种效益，效益是管理的根本目标和永恒主题，组织获取效益的能力直接影响着自身的生存和发展。效益是有效产出与投入之间的一种比例关系，主要包括经济效益和社会效益。

不同于一般的经济组织，会计师事务所不但要谋求经济效益，还要实现社会效益，在保证社会效益的前提下，实现自身经济利益最大化。相较于社会效益，经济效益的计量直接、显见。对于会计师事务所而言，虽然审计投入和审计收入都会影响经济效益，但是会计师事务所的审计投入属于特殊数据，无法通过公开渠道获取，会计师事务所建立政治关联后，对会计师事务所经济效益的影响最直接、最明显的体现为对市场份额和审计费用的影响，因此，本书用市场份额和审计费用衡量会计师事务所的经济效益。社会效益的计量一般需要借助于其他形式来间接考核。注册会计师审计是国家治理的一种制度安排，作为注册会计师审计的主体，会计师事务所建立政治关联后对社会效益的影响主要体现为审计治理效应，因此，本书用审计质量衡量会计师事务所的社会效益。

（二）声誉理论

会计师事务所作为中介服务机构，声誉是其安身立命之本。对于会计师事务所而言，声誉的形成是其长期提供高质量审计服务的结果。审计产品具有信用品的特征，会计师事务所声誉具有信号传递作用，在信息不对称的环境下，审计产品的需求方无法直接判断会计师事务所提供的审计产品的质量，他们只能借助会计师事务所的声誉来判断事务所未来可能提供审计服务质量的高低。通常而言，拥有良好声誉的会计师事务所能够获得较高的市场份额和超额收益。

声誉的形成长期而缓慢，毁坏却极其容易。一旦发生审计失败，会计师事务所，特别是高声誉会计师事务所将丧失大量准租，严重的甚至会导致破产，国外安达信会计师事务所的倒塌、国内中天勤会计师事务所的解散等都是具体表现。对于中介服务机构而言，声誉越高，其维护声誉的动机就越强。因此，基于维护和提高声誉的考虑，具有良好声誉的会计师事务所会保持较高的独立性，提高执业谨慎性，更加严格把控事前风险和事中风险，提供高质量审计服务。总体而言，声誉机制对于会计师事务所具有一定的自律约束作用，能够激励会计师事务所提供高质量的审计服务，有效弥补事后监督的不足。

在中国的政治经济制度背景下，通常情况下，会计师事务所代表委员类政治关联作为一种声誉机制，能够向外界传递会计师事务所具有良好声誉的信号。根据“声誉理论”，拥有良好声誉的会计师事务所能够获取更高的市场份额和超额收益，拥有代表委员类政治关联的会计师事务所为了维护声誉和保持竞争优势，会有较强的动机严格把控事前风险和事中风险，提高其专业胜任能力，保持较高的审计独立性，进而提供高质量的审计服务。

（三）动机理论

马斯洛在1943年提出的人类需求层次理论是行为科学理论中影响较大的一种，是最广为人知的动机理论。马斯洛将人的需求按照由低到高的层次依次分为生理需求、安全需求、社会需求、尊重需求和自我实现需求，并认为当人的低层次需求得到满足后，追求更高层次的需求就成为驱使人们行为的动力。

根据对获得省级及以上党代表、人大代表和政协委员的注册会计师的观察我们可知，这些注册会计师既在行业内具有较大影响力，也是其所在会计师事务所的决策层，能够对会计师事务所的经营决策产生重要影响。通常情况下，这些获得代表委员类政治身份的注册会计师低层次的需求已经得到满足，他们更多的是追求高层次的需求：尊重需求和自我实现需求。代表委员类政治身份的获得意味着他们拥有较高的社会地位和政治地位，为他们实现高层次需求提供了一个很好的途径，并且代表委员类政治身份特别是省级及以上代表委员类政治身份在我国属于稀缺资源，因此，获得代表委员类政治身份的注册会计师会重视和珍惜这种身份给他们带来的声誉和社会资源。基于维护代表委员类政治身份带来的制度声誉以及能够再次获得这种政治身份的考虑，获得政治身份的注册会计师具有较强的谨慎执业动机，增加审计资源投入，提高审计服务质量，同时也会收取较高的审计费用。由于他们是会计师事务所的决策层和行业代表，他们的执业态度和执业行为会对其所在会计师事务所甚至整个注册会计师行业产生影响。

（四）寻租理论

寻租理论思想最早可以追溯到Tullock在1967年发表的《关税、垄断和偷窃的福利成本》一文，因此他被称为“寻租理论之父”。但是，“寻租”作为一个理论概念形成于1974年Krueger发表的论文《寻租社会的政治经济学》。寻租理论认为，政府活动会影响资源配置，进而创造额外收益，并引起非生产性的寻租活动。

对于会计师事务所而言，建立代表委员类政治关联后，能够密切与政府的关系，获得政府的支持和保护，相较于无政治关联的会计师事务所，违规、违法行为造成的处罚成本可能更低。因此，会计师事务所为了获取更多的经济利益，可能会将政治关联作为寻租的工具进行寻租活动，进而降低审计独立性，损害审计质量。

二、理论分析框架

（一）会计师事务所经济效益和社会效益的作用及相互关系

会计师事务所是市场经济发展到一定阶段的产物，并被市场经济赋予提供鉴证服务的基本职能。会计师事务所既是一个经济组织，具有经济属性，充当着“经济人”的角色，先天带有竞争和理性经济人追逐经济利益的基本特征，也是一个准公共服务组织，具有社会属性，充当着市场经济的“卫士”或“经济警察”的角色，重视社会效益。那么，对于会计师事务所而言，经济效益和社会效益在其生存和发展中的作用是什么，它们之间究竟是一种什么样的关系呢？

经济效益是会计师事务所生存和发展的基本保障，社会效益是会计师事务所生存和发展之本。随着我国市场经济的不断发展和会计师事务所脱钩改制的完成，会计师事务所作为依法设立、自主经营、自负盈亏的社会经济组织，与其他经济组织一样，所具有的经济属性决定了会计师事务所要在市场竞争中求得生存和发展，需要遵循成本效益原则，以追求自身经济利益最大化为经营目标，并借以奠定会计师事务所赖以生存和发展的物质基础。会计师事务所是应市场经济的规范性需要而产生的，更应体现市场经济对会计师事务所的客观要求。作为准公共服务的社会组织，会计师事务所承担市场经济的“卫士”和“信息保险”的准公共职能，所具有的社会属性决定了其对经济利益的追求必须建立在诚实和信誉的基础之上，提供高质量的审计服务，保证企业财务会计信息的可靠性，增强会计信息的公信力，发挥审计治理效应，实现良好的社会效益，否则就违背了市场经济对会计师事务所的客观要求，丧失了存在的意义。

经济效益是会计师事务所追求社会效益的基础和前提，社会效益是会计师事务所追逐经济效益的重要条件。会计师事务所要承担社会责任，发挥其社会鉴证功能，必须要追逐经济利益，否则就无法生存和发展，更谈不上实现社会效益。会计师事务所只有取得良好的经济效益，才能更好地满足生存和发展的需要，才有动力和能力去提供高质量的审计，从而实现良好的社会效益。因此，获取经济效益是会计师事务所追求社会效益的基础与前提。审计质量是会计师事务所的生命线。会计师事务所要保证其长期的生存和发展，促进经济效益提高，必须追求社会效益，提供高审计质量，否则就缺乏生存和发展的动力源泉，最终将失去存在的意义。因此，追求社会效益是会计师事务所促进经济效益提高的重要条件。会计师事务所要实现“做大做强”和长期可持续发展，经济效益和社会效益两者不可或缺。会计师事务所经济效益和社会效益的作用及相互关系如图2–3所示。

根据效益原理，会计师事务所作为一个组织，追求效益是自身管理的根本目标。会计师事务所建立政治关联后，这一根本目标并不会发生改变。会计师事务所具有的双重属性，决定了会计师事务所不仅要追求经济效益，还要重视社会效益。然而会计师事务所建立政治关联后，对经济效益和社会效益的最终影响主要取决于政治关联的使用动机。下面，本书将对不同类型的会计师事务所政治关联使用动机对经济效益和社会效益产生的影响进行具体分析。

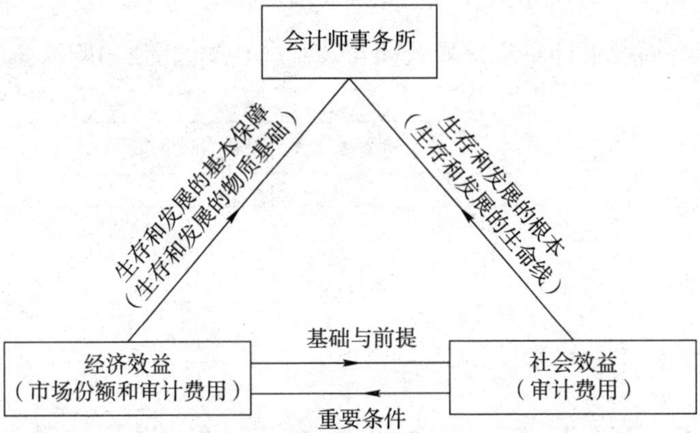

图2–3　会计师事务所经济效益和社会效益的作用及相互关系

（二）不同类型的会计师事务所政治关联使用动机对效益的影响

从理论上来讲，会计师事务所建立政治关联后对会计师事务所效益的影响存在以下三种可能：第一种可能是提高了会计师事务所的经济效益，但是并未提高其社会效益；第二种可能是以牺牲会计师事务所的社会效益为代价追求其经济效益的提高；第三种可能是实现了会计师事务所的经济效益和社会效益双提升。无论是会计师事务所，还是政府及监管部门，都具有实现经济效益和社会效益和谐统一的动机，但是会计师事务所的双重属性，以及事务所的类型不同、所处的发展阶段不同、所面临的内外部环境不同，使得会计师事务所对于经济效益和社会效益可能存在不同的导向：社会效益优先、经济效益优先或者社会效益和经济效益并重等。那么，会计师事务所建立政治关联后，究竟会如何影响其经济效益和社会效益呢？这也是一个监管部门非常关注的问题。

无论是根据声誉理论、动机理论还是根据寻租理论，会计师事务所建立政治关联后均有助于提高会计师事务所的经济效益，但是对会计师事务所的社会效益的影响却具有不确定性。会计师事务所政治关联对社会效益的影响主要取决于会计师事务所对政治关联的使用动机。如果会计师事务所主要是发挥代表委员类政治关联的声誉昭示作用，则会提高审计质量，实现良好的社会效益；如果会计师事务所将代表委员类政治关联作为获取经济利益的寻租工具，则会损害审计质量，降低社会效益。具体如图2–4所示。

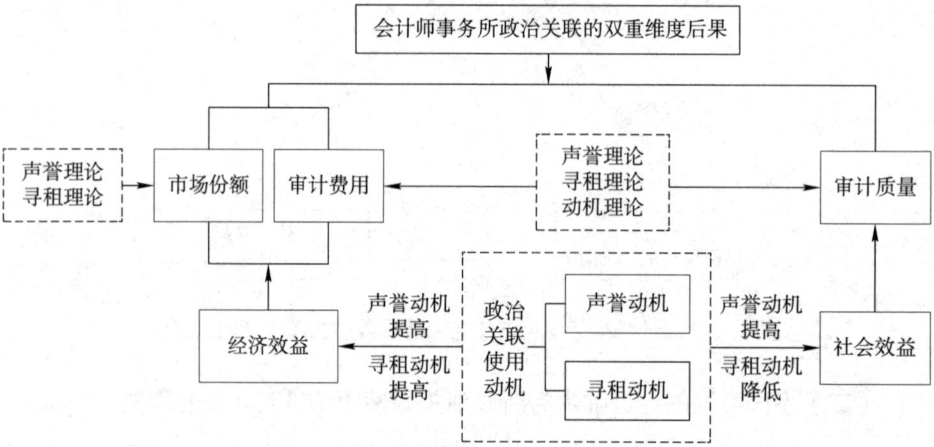

图 2–4　理论框架

（三）会计师事务所政治关联使用动机分析

动机驱使行为，不同的动机可能会引发不同的行为。根据上述理论分析可知，虽然会计师事务所政治关联会提高会计师事务所的经济效益，但是对其社会效益的影响具有不确定性。结合我国目前的制度环境和审计市场的竞争状况，本书预期具有政治关联的会计师事务所更倾向于发挥政治关联带来的声誉机制功能，而不是将政治关联作为寻租工具。具体分析如下：

随着中国全面依法治国的推进和制度转型的不断深入，整个国家的制度环境越来越完善。对于会计师事务所而言，如果仅着眼于“拿”的行为而将政治关联作为获取经济利益的寻租工具，那么这种行为不具有可持续性，并且在整个国家法治环境不断改善的背景下，寻租行为会令会计师事务所丧失合法性。在中国全面推进依法治国的背景下，具有政治关联的会计师事务所不能仅着眼于“获取”，更要注重对社会的“给予”，即积极参政议政、提高审计治理效应、注重参与社会治理、参与行业执业准则的制定、发挥“风向标”作用、营造良好的执业环境等，与政府构建一种双赢机制，只有这样才能充分发挥政治关联的战略价值。

刘海建等（2017）认为，在中国的转型经济背景下，企业家政治关联具有自然属性和社会属性两部分，这两种属性体现为商业逐利的工具性动机和追求社会利益的亲社会性动机。企业家政治关联兼有的这两种动机的强弱受到制度环境和市场不确定性变化的影响。具体而言，完善的制度环境会弱化企业家政治关联的工具性动机，行业环境的不确定性会强化企业家政治关联的亲社会性动机。以此类推，对于会计师事务所而言，在中国全面推进依法治国、审计市场竞争激烈的背景下，完善的制度环境会弱化政治关联会计师事务所的寻租动机，竞争激烈的审计市场环境会强化政治关联会计师事务所的亲社会性动机，最终会导致政治关联会计师事务所的亲社会性动机更强。而政治关联的亲社会行为会对会计师事务所产生一种道德资本效应，进而提高会计师事务所在竞争激烈的行业中的认可度。

对于会计师事务所而言，建立政治关联后，如果具有较强的亲社会性动机，就会充分发挥政治关联的制度声誉功能，这不仅有助于会计师事务所取得良好的经济效益，同时也有助于其取得良好的社会效益，经济效益和社会效益的双提升有利于会计师事务所实现可持续发展。

以上仅是从理论层面分析会计师事务所政治关联对经济效益和社会效益可能带来的影响，最终结果还需要结合下文的实证分析进行验证。

第三章　会计师事务所政治关联的经济效益——市场份额

第一节　引言

保持和提高市场份额对于企业的生存和发展起着至关重要的作用，对于作为社会中介服务机构的会计师事务所来说，在目前竞争激烈的审计市场，保持和扩大市场份额对于提升会计师事务所的经济效益、保证会计师事务所的生存和发展同样有着非常重要的意义。会计师事务所的市场份额可能受到会计师事务所规模、会计师事务所声誉、审计意见等诸多方面的影响。代表委员类政治关联是中国特有的一种现象，其本身就是一种声誉机制，具有信号传递效应，同时还具有资源效应、保护效应等方面的作用。学者们研究发现，企业的代表委员类政治关联会对企业的经营活动产生重要影响，那么，会计师事务所通过注册会计师当选党代表、人大代表和政协委员建立的政治关联会对会计师事务所的市场份额产生影响吗?

学者们对于会计师事务所市场份额的研究主要是从被审计客户财务重述、审计师受罚、会计师事务所合并等方面展开，而现有的关于会计师事务所政治关联对市场份额影响的研究，主要是基于会计师事务所发审委联系视角展开（Yang，2013），鲜有文献从会计师事务所代表委员类政治关联的视角展开研究。目前，仅有少数关于会计师事务所代表委员类政治关联的研究文献，李江涛等（2015）主要考察了会计师事务所代表委员类政治关联与会计师事务所经营业绩之间的关系以及制度环境对二者关系的影响，王瑜等（2019）主要检验了会计师事务所代表委员类政治关联与审计费用、会计信息质量、盈余反应系数以及被审计客户违规概率之间的关系，但均未涉及会计师事务所代表委员类政治关联对市场份额的影响，也并未对会计师事务所政治关联影响其经营业绩和审计费用的作用机理进行分析，然而，会计师事务所经营业绩和审计费用会受到市场份额的影响。

鉴于此，本书从会计师事务所代表委员类政治关联视角对市场份额进行研究，不仅丰富了会计师事务所政治关联和市场份额的研究文献，还有助于我们更好地认识会计师事务所代表委员类政治关联影响会计师事务所经营业绩和审计费用的作用机理。本章逐步深入地研究了以下五个问题：①会计师事务所政治关联影响市场份额吗？②会计师事务所政治关联影响市场份额的作用路径是什么？③地区法律环境会对会计师事务所政治关联与市场份额之间的关系产生影响吗？④不同级别的会计师事务所政治关联是否会对市场份额产生不同的影响？⑤会计师事务所政治关联从有到无将会对市场份额产生什么影响？

本章的研究贡献可能在于：①拓展了研究视角，丰富了研究文献。以往有关会计师事务所市场份额的文献主要基于会计师事务所声誉受损等视角展开相关研究，较少从会计师事务所政治关联的视角进行研究。而现有关于会计师事务所政治关联的研究文献主要基于事务所的发审委联系视角展开相关研究，极少文献从会计师事务所代表委员类政治关联的视角进行研究。因此，本书基于代表委员类政治关联视角，考察会计师事务所政治关联对市场份额的影响，丰富了会计师事务所政治关联后果和会计师事务所市场份额领域的研究成果，体现出一定的理论价值。②探究了会计师事务所代表委员类政治关联对市场份额的作用机理，发现代表委员类政治关联能够吸引更多的客户特别是国有企业客户，进而提升市场份额，提高会计师事务所的市场竞争力。③结合中国国情，研究会计师事务所政治关联对市场份额的影响及其作用机理，为注册会计师获得代表委员类政治身份在微观层面的影响提供了新的经验证据，对会计师事务所和监管者等做出决策具有重要的借鉴意义。

第二节　理论分析与研究假设

对于会计师事务所来说，注册会计师当选党代表、人大代表和政协委员建立政治关联，有助于扩大其知名度和影响力，提高会计师事务所的声誉，密切会计师事务所与政府之间的关系以及获得更多的社会资源等，这些都可能会导致会计师事务所市场份额的提高。

第一，会计师事务所政治关联有助于扩大会计师事务所的知名度和影响力，进而提升市场份额。在中国，根据注册会计师职业道德的相关规定，会计师事务所不能为了提高经营业绩进行广告宣传以招揽业务。但是，当选党代表、人大代表和政协委员的注册会计师在参政议政时提出的建议和提案，通过公共媒体和行业媒体的宣传，不仅展现了职业风采，对会计师事务所也起到了隐性的宣传作用，扩大了会计师事务所的知名度和影响力。而且，随着当选党代表、人大代表和政协委员的注册会计师个人影响力的不断提升，其所在会计师事务所的知名度和影响力也会得到提高，进而有助于会计师事务所获取更多的业务。

第二，会计师事务所政治关联有助于提高会计师事务所的声誉，进而提升市场份额。对于会计师事务所的信用保障构成和声誉诠释，注册会计师和从业人员的个人信用及专业胜任能力比财产出资有着更为重要的作用（王咏梅、邓舒文，2012）。在我国，个人需要做出相当大的成就和社会贡献，得到行业、社会和国家的认可，才有可能当选党代表、人大代表和政协委员。因此，注册会计师获得代表委员类政治身份是对他们的个人信用和专业胜任能力的一种肯定，能够在一定程度上构成会计师事务所的信用保障，对会计师事务所的声誉进行诠释。在中国的政治经济制度背景下，从代表委员类政治关联形成的机理来看，其本身就是一种有影响力的声誉机制（黄琳琳，2017）。而且，代表委员类政治关联属于具有路径依赖性的不易模仿资源，其带来的制度声誉具有较强的公信力，作用发挥也更加稳定。因此，会计师事务所通过注册会计师获得代表委员类政治身份建立的政治关联为其自身带来了政治赞誉，能够向外界传递会计师事务所具有良好声誉的信号，会计师事务所自身也受到更多的关注，从而获取更多的业务（李江涛等，2015）。

第三，会计师事务所政治关联有助于密切会计师事务所与政府之间的关系，进而提升市场份额。注册会计师当选党代表、人大代表和政协委员后，积极参政议政，能够密切会计师事务所与政府的关系，获得政府的间接支持。例如，政府以审计招投标、行政壁垒、非正式“口头干预”等方式使会计师事务所获取更多的客户资源（管亚梅，2012）。以往研究发现，基于“同事情结”，具有会计师事务所工作经历的企业高管可能聘请原任职会计师事务所对目前任职的企业进行审计（Lennox，2005），国有企业更倾向于选择有相同政府背景的会计师事务所（龚启辉等，2012），以此类推，国有企业或存在代表委员类政治关联的企业也可能基于“同事情结”选择有政治关联的会计师事务所，进而有助于提高事务所市场份额。目前，中国的审计市场竞争激烈，由于能够获得政府的保护和支持，相较于无政治关联的会计师事务所，具有政治关联的会计师事务所在执业时可能会更加激进，对被审计客户具有更高的盈余操纵容忍度，或者降低自身的独立性，与被审计客户合谋，以降低审计质量来换取审计市场份额的扩大，获取更多的经济利益。

综上所述，无论是基于会计师事务所政治关联发挥了声誉昭示作用，扩大了会计师事务所的影响力和知名度，提高了会计师事务所的声誉等视角进行的分析，还是基于会计师事务所政治关联密切了会计师事务所与政府之间的关系，有助于会计师事务所获取更多的社会资源，或者会计师事务所将政治关联作为寻租工具进行寻租活动等视角进行的分析，会计师事务所政治关联均可能提高市场份额。因此，本章提出以下假设：

假设1：其他条件相同，与无政治关联的会计师事务所相比，具有政治关联的会计师事务所占有更大的市场份额。

第三节　研究设计

一、样本选择和数据来源

根据本书第二章对于会计师事务所政治关联的外部环境分析我们可知，相较于2013年之前，2013年之后，审计师的执业环境发生了较大变化，增加了审计师的法律责任和法律风险，增强了审计师的风险意识。动机驱使行为、会计师事务所执业环境的变化，会在很大程度上影响会计师事务所对政治关联的使用动机，进而影响会计师事务所的审计行为和市场份额。此外，在国家政策的推动下，2013年之前发生较多证券资格会计师事务所合并重组事件。《意见》的发布，使得注册会计师当选代表和委员的人次从2013年开始大幅度增加。本书主要是从会计师事务所层面考察注册会计师获得代表委员类政治身份带来的影响，因此，为了尽量避免反腐新政、“两年两单”、会计师事务所转制，以及会计师事务所合并等事件对本书研究可能产生的噪声干扰，得到更加干净的研究样本，增强研究结论的可靠性，本书将2013—2017年作为样本的主要研究期间。此外，在稳健性检验中的双重差分回归分析、进一步分析中的会计师事务所政治关联从有到无对市场份额的影响两个部分，将用到2008—2017年的样本数据。

本章以我国证券资格会计师事务所及其审计的上市公司客户为初始研究样本，借鉴以往研究，剔除了金融保险行业的客户样本、财务状况异常的ST类客户样本，以及相关数据缺失的客户样本，一共得到12777个观测值。此外，本章对连续变量进行缩尾处理（上下1%水平）以降低异常值对回归结果的影响，并对所有模型采用稳健性回归。本书的会计师事务所政治关联数据主要是通过在中注协网站、地方注协网站、会计师事务所网站、百度搜索引擎以及财会信报等搜集注册会计师当选党代表、人大代表和政协委员的信息，然后经加工整理形成。会计师事务所的业务收入、拥有的注册会计师人数以及本土会计师事务所的排名均来源于中注协2008—2016年公布的会计师事务所综合评价排名及2017年公布的会计师事务所业务收入排名，地区法律环境数据根据王小鲁等（2019）整理而得，其他数据均来自国泰安（CSMAR）数据库。

二、模型构建和变量定义

借鉴王兵和辛清泉（2009）的思路，本书以会计师事务所每一年度审计的上市公司客户数据为观测值，构建了OLS多元回归模型（3–1）以验证假设1。

$$MS=\alpha_0+\alpha_1PC+\alpha_2Big4+\alpha_3BT10+\alpha_4CPAREV+\alpha_5LLEV+\alpha_6LROA+\alpha_7LMAO+\alpha_8PRO+Year+IND+\varepsilon \quad (3\text{–}1)$$

在模型（3–1）中，被解释变量*MS*表示会计师事务所的市场份额。借鉴以往研究文献（张健，2018），本书以会计师事务所审计的上市公司客户的总资产为依据对市场份额进行度量，计算公式为当年度某会计师事务所审计的所有上市公司客户的总资产除以当年度所有会计师事务所审计的上市公司客户的总资产。

解释变量*PC*表示会计师事务所政治关联系列变量，包括变量*PC*1和变量*PC*2。目前，对于政治关联的衡量方法，总体来说可以归纳为三种：虚拟变量法、赋值法和比例法。虚拟变量法主要测量政治关联的存在，赋值法和比例法主要测量政治关联的强度。借鉴以往研究文献（况学文等，2017；李江涛等，2015；潘克勤，2010；全进等，2018），本书将研究期间会计师事务所是否存在注册会计师当选省级及以上代表和委员作为依据，主要采用虚拟变量法衡量会计师事务所政治关联。在样本研究期间，会计师事务所存在因当选代表和委员的注册会计师转所而丧失政治关联的情况，虽然这种情况较少，并且政治关联丧失后，政治关联带来的影响并不一定会随之消失，但是仍有可能会对研究结论的可靠性产生影响。因此，本书对会计师事务所政治关联的衡量分为两种情况：一种是不考虑研究期间事务所中当选代表和委员的注册会计师转所情况，将在2013年存在注册会计师当选省级及以上党代表、人大代表和政协委员的会计师事务所定义为具有政治关联的会计师事务所，用变量*PC*1表示；另一种是考虑研究期间会计师事务所中当选党代表、人大代表和政协委员的注册会计师转所情况，将当年度存在注册会计师当选省级及以上党代表、人大代表和政协委员的会计师事务所定义为具有政治关联的会计师事务所，用变量*PC*2表示。此外，为了保证研究结论的可靠性，结合本书研究，我们还设置了会计师事务所政治关联连续变量用于后续的稳健性检验。

借鉴以往研究文献（Yang，2013；朱红军等，2004；王兵、辛清泉，2009；张健，2018），在模型（3–1）中，本书加入了以下控制变量：国际“四大”会计师事务所（*Big*4）和本土“十大”会计师事务所（*BT*10），会计师事务所为国际“四大”和本土“十大”时，可能拥有较高的市场份额；会计师事务所执业效率（*CPAREV*），会计师事务所执业效率越高，审计市场份额越高（张健，2018）；上年度总资产收益率（*LROA*）和上年度资产负债率（*LLEV*），上市公司的业绩状况和债务风险状况可能会影响到会计师事务所的选择（王兵、辛清泉，2009）；上年度审计意见类型（*LMAO*），审计意见类型可能会影响到会计师事务所的选择；省份（*PRO*），控制地域因素对市场份额的影响。此外，本书还控制了年份（*Year*）和行业（*IND*）的影响。详细变量定义见表3–1。

表3–1　变量定义1

变量类型	变量名称	变量符号	变量定义
被解释变量	市场份额	*MS*	当年度某会计师事务所审计的所有上市公司客户的资产总额 / 当年度所有会计师事务所审计的上市公司客户的资产总额
解释变量	会计师事务所政治关联	*PC*1	会计师事务所政治关联虚拟变量。2013 年会计师事务所有注册会计师当选省级及以上党代表、人大代表和政协委员时，*PC*1 取值为 1，否则为 0
		*PC*2	会计师事务所政治关联虚拟变量。当年度会计师事务所有注册会计师当选省级及以上党代表、人大代表和政协委员时，*PC*2 取值为 1，否则为 0

续表

变量类型	变量名称	变量符号	变量定义
控制变量	国际“四大”会计师事务所	*Big*4	会计师事务所为国际“四大”时，*Big*4 取值为 1，否则为 0
	本土“十大”会计师事务所	*BT*10	除国际“四大”会计师事务所外，会计师事务所在中注协公布的会计师事务所排名中位居前十时，*BT*10 取值为 1，否则为 0
	会计师事务所执业效率	*CPAREV*	ln（当年度会计师事务所的业务收入 / 当年度会计师事务所拥有的注册会计师人数）
	上年度总资产收益率	*LROA*	上市公司上一年度的净利润 / 上市公司上一年度的总资产
	上年度资产负债率	*LLEV*	上市公司上一年度的负债总额 / 上市公司上一年度的资产总额
	上年度审计意见类型	*LMAO*	上市公司上一年度被会计师事务所出具非标准无保留审计意见时，*LMAO* 取值为 1，否则为 0
	省份	*PRO*	上市公司注册地所在省份
	年份	*Year*	控制年度因素
	行业	*IND*	控制行业因素

第四节　实证结果与分析

一、描述性统计

表3-2报告了本章变量的描述性统计结果。由表3-2可知，会计师事务所市场份额（*MS*）的最小值和最大值分别为0.001和0.148，说明样本中会计师事务所拥有的市场份额存在较大差别。会计师事务所政治关联变量*PC*1和变量*PC*2的均值分别为0.778和0.790，说明样本中绝大多数的上市公司聘请的会计师事务所为具有政治关联的会计师事务所，所占比例较高。国际“四大”会计师事务所（*Big*4）的均值为0.054，说明样本中有5.4%的上市公司聘

请的会计师事务所为国际“四大”会计师事务所。本土“十大”会计师事务所（*BT*10）的均值为0.669，说明样本中有66.9%的上市公司聘请的会计师事务所为本土“十大”会计师事务所。上年度审计意见类型（*LMAO*）的均值为0.028，说明样本中有2.8%的上市公司上一年度被会计师事务所出具了非标准无保留审计意见。

表3-2 描述性统计1

变量	样本量	最小值	平均值	中位数	最大值	标准差
MS	12777	0.001	0.052	0.046	0.148	0.042
*PC*1	12777	0.000	0.778	1.000	1.000	0.415
*PC*2	12777	0.000	0.790	1.000	1.000	0.407
*Big*4	12777	0.000	0.054	0.000	1.000	0.227
*BT*10	12777	0.000	0.669	1.000	1.000	0.470
CPAREV	12777	3.764	4.821	4.828	6.059	0.377
LLEV	12777	0.046	0.426	0.413	1.093	0.217
LROA	12777	–0.189	0.044	0.038	0.247	0.058
LMAO	12777	0.000	0.028	0.000	1.000	0.165
PRO	12777	1.000	13.525	12.000	31.000	7.685

本章对变量之间的相关性系数进行了检验，限于篇幅，结果在本书中不再列示，留存备索。检验结果显示，无论是Spearman相关性系数检验还是Pearson相关性系数检验，会计师事务所政治关联（*PC*1和*PC*2）与市场份额（*MS*）的相关系数均在1%水平上显著为正，这初步验证了假设1，即会计师事务所政治关联能够显著提高会计师事务所的市场份额。

另外，国际“四大”会计师事务所（*Big*4）、本土“十大”会计师事务所（*BT*10）、会计师事务所执业效率（*CPAREV*）、上年度资产负债率（*LLEV*）、上年度总资产收益率（*LROA*）均与市场份额（*MS*）显著正相关，这表明国际“四大”会计师事务所、本土“十大”会计师事务所和执业效率较高的会计师事务所，占有较高的审计市场份额；会计师事务所审计客户上年度的资产负债率和总资产收益率越高，会计师事务所占有的市场份额越高。上市公司注册地所在省份（*PRO*）与市场份额（*MS*）显著负相关，表明地域关系会对会计师事务所的市场份额产生影响。审计意见类型（*LMAO*）与市场份额（*MS*）的Spearman相关系数显著为负，Pearson相关系数不显著，在一定程度上表明审计客户上一年度被出具的审计意见类型会对市场份额产生影响。相关系数检验只是对单变量之间的关系进行简单分析，更严谨和更有说服力的证据还有待进一步的多元回归分析来提供。此外，本书计算了自变量的方差膨胀因子（VIF），最大值为2.64，均值为1.21，表明模型不存在严重的多重共线性问题。

二、回归结果分析

表3-3报告了模型（3-1）即会计师事务所政治关联与市场份额的回归结果。由表3-3中的列（1）和列（2）可知，在加入控制变量前，会计师事务所政治关联（*PC*1和*PC*2）与市场份额（*MS*）的回归系数均在1%水平上显著为正；由表3-3中的列（3）和列（4）可知，在加入控制变量后，会计师事务所政治关联（*PC*1）与市场份额（*MS*）的回归系数为0.013，在1%水平上显著为正；会计师事务所政治关联（*PC*2）与市场份额（*MS*）的回归系数为0.011，在1%水平上显著为正。表3-3的回归结果表明，与无政治关联的会计师事务所相比，具有政治关联的会计师事务所能够获得更多的市场份额，支持了假设1。

在控制变量方面，国际“四大”会计师事务所（*Big*4）与市场份额（*MS*）的回归系数在1%水平上显著为正，这说明在中国的审计市场，相较于本土会计师事务所，虽然国际“四大”会计师事务所的审计客户数量不多（表3-2显示，样本观测值中，国际“四大”会计师事务所的审计客户数量占比为5.4%），但是其上市公司客户大多数属于规模较大的优质客户，使得根据上市公司客户资产衡量的市场份额（*MS*）与国际“四大”会计师事务所（*Big*4）之间呈显著正相关关系。本土“十大”会计师事务所（*BT*10）与市场份额

（*MS*）的回归系数在1%水平上显著为正。一些学者用国际“四大”会计师事务所和本土“十大”会计师事务所衡量会计师事务所规模，这说明会计师事务所规模越大，占有的市场份额越高。会计师事务所执业效率（*CPAREV*）与市场份额（*MS*）的回归系数在1%水平上显著为正，这说明会计师事务所执业效率的提高有利于审计市场份额的提升。省份（*PRO*）与市场份额（*MS*）的回归系数在1%水平上显著为负，这说明地域关系会影响上市公司的审计师选择，进而对市场份额产生影响。

表3-3　会计师事务所政治关联与市场份额的回归结果

变量	（1）	（2）	（3）	（4）
	MS	*MS*	*MS*	*MS*
*PC*1	0.045^{***} （79.997）		0.013^{***} （28.951）	
*PC*2		0.048^{***} （94.354）		0.011^{***} （23.109）
*Big*4			0.054^{***} （35.995）	0.051^{***} （32.252）
*BT*10			0.045^{***} （97.231）	0.046^{***} （98.233）
CPAREV			0.029^{***} （30.993）	0.030^{***} （32.250）
LLEV			0.000 （0.243）	0.000 （0.241）
LROA			0.006 （1.143）	0.006 （1.294）
LMAO			0.002 （0.988）	0.002 （0.990）
PRO			-0.000^{***} （−8.408）	-0.000^{***} （−8.306）
_cons	0.011^{***} （4.260）	0.009^{***} （3.487）	-0.128^{***} （−29.447）	-0.132^{***} （−30.501）
Year 和 *IND*	控制			
N	12777	12777	12777	12777

续表

变量	(1)	(2)	(3)	(4)
	MS	*MS*	*MS*	*MS*
调整 R^2	0.210	0.231	0.549	0.545
F	280.647	386.725	3597.848	3450.325

注：括号中数值为t值，模型采用稳健性回归。***、**、*分别表示在1%、5%和10%水平上显著，全书下同。

三、稳健性检验

为了验证上述结论的有效性，本章进行了一系列的稳健性检验，限于篇幅，检验结果在本书中不再列出，留存备索。

（一）内生性检验

党代表、人大代表和政协委员的一届任期为5年，一般当选后在任期内拥有的代表委员类身份不会被取消。从动态视角看，会计师事务所市场份额与注册会计师代表委员类身份的获取之间可能相互影响；从静态视角看，注册会计师一旦取得代表委员类身份，在任期内一般不会受到会计师事务所市场份额的影响。在本书研究中，注册会计师在2013年当选党代表、人大代表和政协委员后，任期是5年，即在研究期间会计师事务所通过注册会计师获得代表委员类政治身份所建立的政治关联，一般情况下不会因为会计师事务所市场份额的变化而发生变化。因此，我们可以排除反向因果关系对本章结论的影响。

尽管本章上述实证结果表明，会计师事务所政治关联与市场份额呈显著正相关关系，但这一结果可能是因为建立政治关联的会计师事务所本身就是规模相对较大、声誉相对较好或者具有行业专长的会计师事务所，这些特征导致会计师事务所占有更大的市场份额，而不是由于会计师事务所政治关联所导致的。虽然本章已经控制了一些市场份额的影响因素，但仍有可能存在因遗漏变量导致的内生性问题。基于此，本书利用党代表、人大代表和政协委员的换届选举事件形成的外部冲击，构建双重差分模型（DID），即模型

（3–2）用以检验会计师事务所政治关联对市场份额的影响。

$$MS = \beta_0 + \beta_1 Treat + \beta_2 Treat \times Post + \beta_3 Post + \beta_4 Big4 + \beta_5 BT10 + \beta_6 CPAREV + \beta_7 LLEV + \beta_8 LROA + \beta_9 LMAO + \beta_{10} PRO + Year + IND + \varepsilon \quad (3\text{-}2)$$

在模型（3–2）中，变量*Treat*表示实验组，变量*Post*表示时间虚拟变量。2012年是新一届政协委员和人大代表的选举年份，2013年是新一届任期的开始年份。因此，本书将2008—2012年设为基期，虚拟变量*Post*取值为0。将2013—2017年设为实验期，*Post*取值为1。将2013年建立政治关联的会计师事务所设为实验组，虚拟变量*Treat*取值为1；将2013年未建立政治关联的会计师事务所设为对照组，*Treat*取值为0。模型（3–2）中，我们重点关注交互项（*Treat* × *Post*）的系数β_2，并且预期β_2显著为正。

模型（3–2）的回归结果显示，交互项（*Treat* × *Post*）与市场份额（*MS*）的回归系数为0.024，在1%水平上显著为正，这说明会计师事务所政治关联确实能够提高会计师事务所的市场份额。回归结果表明，考虑内生性问题后，回归结果与上述结论一致，再次验证了假设1。

（二）安慰剂检验（Placebo Test）

本章的上述回归结果是否可靠，是否完全由偶然因素或不可观测因素造成？借鉴张莉等（2018）的思路，本书进行了安慰剂检验，具体的做法是：我们将会计师事务所政治关联随机分配给会计师事务所，再将新生成的样本数据采用模型（3–1）重新进行回归，并将安慰剂检验重复1000次，以增强检验的可靠性。如果安慰剂检验的结果与上文的回归结果一致，即会计师事务所政治关联（*PC*1和*PC*2）与市场份额（*MS*）的回归系数显著为正，说明本章的结论并不能为会计师事务所政治关联与市场份额之间存在显著的正相关关系提供强有力的经验证据。如果安慰剂检验结果显示会计师事务所政治关联（*PC*1和*PC*2）与市场份额（*MS*）的回归系数不显著，则说明本章的研究结论是可靠的。

安慰剂检验结果显示，本书将会计师事务所政治关联（*PC*1）随机分配给会计师事务所后，会计师事务所政治关联（*PC*1）与市场份额（*MS*）的回归系数对应的t值分布显著集中于±1.96之间，所占比例为94.5%。t值大于1.96的比例为2.4%，小于-1.96的比例为3.1%，回归系数显著为正和显著为负的比例较低。本书以±1.65为临界值，计算得出会计师事务所政治关联（*PC*1）的回归系数对应的t值大于-1.65且小于1.65的比例为90.6%，大于1.65的比例为4.2%，小于-1.65的比例为5.2%，依然可以认为会计师事务所政治关联（*PC*1）的回归系数显著为正和显著为负的比例较低。

本书将会计师事务所政治关联（*PC*2）随机分配给会计师事务所后，会计师事务所政治关联（*PC*2）与市场份额（*MS*）的回归系数对应的t值分布显著集中于±1.96之间，所占比例为95.8%。t值大于1.96的比例为2.1%，小于-1.96的比例为2.1%，回归系数显著为正和显著为负的比例较低。本书以±1.65为临界值，计算得出会计师事务所政治关联（*PC*2）的回归系数对应的t值大于-1.65且小于1.65的比例为90.8%，大于1.65的比例为4.9%，小于-1.65的比例为4.3%，依然可以认为会计师事务所政治关联（*PC*2）的回归系数显著为正和显著为负的比例较低。

对模型（3-1）进行的安慰剂检验的结果表明，随机分配给会计师事务所的政治关联并不会对市场份额产生显著影响，我们构建的虚拟处理效应并不存在，根据模型（3-1）进行回归呈现的会计师事务所政治关联与市场份额的显著正相关关系并不是完全由偶然因素或不可观测因素导致，本章的研究结论在一定程度上是可靠的，即与无政治关联的会计师事务所相比，具有政治关联的会计师事务所拥有更大的市场份额。

（三）其他稳健性检验

1. 替换被解释变量

本书分别以会计师事务所审计的上市公司客户数量和会计师事务所审计的上市公司客户的境内审计费用为依据，重新衡量市场份额，以变量*MS*1和变量*MS*2表示。变量*MS*1的计算公式为当年度某会计师事务所审计的上市公司客户数量除以当年度所有会计师事务所审计的上市公司总数，变量*MS*2的计算公式为当年度某会计师事务所审计的上市公司客户境内审计费用除以当年度所有会计师事务所审计的上市公司境内审计费用总额。将变量*MS*1和变量*MS*2代入模型（3-1）重新进行回归。

回归结果显示，会计师事务所政治关联（*PC*1和*PC*2）与市场份额（*MS*1）的回归系数分别为0.019和0.021，均在1%水平上显著；会计师事务所政治关联（*PC*1和*PC*2）与市场份额（*MS*2）的回归系数分别为0.015和0.016，均在1%水平上显著。回归结果表明，重新衡量市场份额后，会计师事务所政治关联与市场份额的正相关关系依然存在，与上述回归结果一致，支持了假设1。

2. 替换解释变量

借鉴杜兴强和周泽将（2010）、胡旭阳（2006）的做法，结合本书的研究，重新设置会计师事务所政治关联变量*PC*3、变量*PC*4和变量*PC*5以检验研究结论的稳健性。其中，对于变量*PC*3的设置，既考虑了研究期间会计师事务所中当选代表和委员的注册会计师人数，又考虑了获得代表委员类政治身份的注册会计师的转所情况，*PC*3=ln（1+当年度会计师事务所当选省级及以上代表和委员的注册会计师人数）。对于变量*PC*4的设置，采用赋值法的同时又考虑了会计师事务所中注册会计师当选代表和委员的注册会计师人数，以及获得代表委员类政治身份的注册会计师的转所情况，对于省级代表和委员赋值为1，对于国家级代表和委员赋值为2，*PC*4=ln（1+当年度会计师事务所当选省级代表和委员的注册会计师人数×1+当年度会计师事务所当选国家级代表和委员的注册会计师人数×2）。对于变量*PC*5的设置，在变量*PC*4的基础上，考虑了注册会计师获得政治身份的不同级别带来影响的非线性递增，*PC*5=ln（1+当年度会计师事务所当选省级代表和委员的注册会计师人数×1+当年度会计师事务所当选国家级代表和委员的注册会计师人数×2^2）。

将会计师事务所政治关联变量*PC*3、变量*PC*4和变量*PC*5代入模型（3-1）重新进行回归。回归结果显示，会计师事务所政治关联（*PC*3）与市场份额（*MS*）的回归系数为0.035，在1%水平上显著；会计师事务所政治关联（*PC*4）与市场份额（*MS*）的回归系数为0.033，在1%水平上显著；会计师事务所政治关联（*PC*5）与市场份额（*MS*）的回归系数为0.028，在1%水平上显著。回归结果表明，重新衡量会计师事务所政治关联后，会计师事务所政治关联对市场份额仍具有显著的正向影响，并没有因为会计师事务所政治关联衡量方法的改变而发生变化，回归结果与前述结论一致，有力地支持了假设1。

3. 改变研究样本范围

在中国，企业在不同板块上市的要求条件不相同，相对于创业板和中小板，在主板上市的公司发展更成熟。因此，本书基于会计师事务所及其审计的主板上市公司客户数据，对模型（3–1）重新进行回归以检验会计师事务所政治关联对市场份额的影响。

回归结果显示，会计师事务所政治关联（*PC*1）与市场份额（*MS*）的回归系数为0.013，在1%水平上显著；会计师事务所政治关联（*PC*2）与市场份额（*MS*）的回归系数为0.010，在1%水平上显著。回归结果表明，改变研究样本范围后，会计师事务所政治关联与市场份额之间仍呈显著的正相关关系，与之前的回归结果无实质性差异。

4. 重新构建模型

借鉴张健（2018）、赖少娟和杜兴强（2012）的思路，本书以会计师事务所的数据为观测值，构建模型（3–3）进行会计师事务所层面的回归以检验会计师事务所政治关联对市场份额的影响。

$$MS=\gamma_0+\gamma_1 PC+\gamma_2 Big4+\gamma_3 BT10+\gamma_4 CPAREV+\gamma_5 MAONUM+\gamma_6 Punish+Year+\varepsilon \quad (3\text{–}3)$$

在模型（3–3）中，变量*MS*、变量*PC*、变量*Big*4、变量*BT*10和变量*CPAREV*的定义和衡量方法与模型（3–1）相同。变量*MAONUM*表示某会计师事务所上一年度审计的所有上市公司客户被出具非标准无保留审计意见的比例。变量*Punish*表示会计师事务所是否受到处罚：会计师事务所受罚时*Punish*取值为1，否则为0。此外，我们还控制了年份（*Year*）的影响。

模型（3–3）的回归结果显示，在加入控制变量前，会计师事务所政治关联（*PC*1和*PC*2）与市场份额（*MS*）的回归系数均在1%水平上显著。在加入控制变量后，会计师事务所政治关联（*PC*1）与市场份额（*MS*）的回归系数为0.007，在1%水平上显著；会计师事务所政治关联（*PC*2）与市场份额（*MS*）的回归系数为0.004，在5%水平上显著。回归结果表明，以会计师事务所的数据为观测值的回归结果依然验证了会计师事务所政治关联对市场份额具有显著的正向影响。

由以上的稳健性测试可知，无论是采用双重差分法（DID）降低内生性问题对回归结果的影响，还是采用安慰剂检验排除偶然因素对回归结果的影响，以及替换被解释变量和解释变量，改变样本研究范围，抑或是以会计师事务所为观测对象重新构建模型进行回归，测试结果均未发生实质性变化，表明本章的研究结论在一定程度上经得起检验，具有较强的稳定性。

四、进一步分析

（一）会计师事务所政治关联影响市场份额的作用机理分析

本章的上述回归结果已经验证了会计师事务所政治关联与市场份额之间存在显著的正相关关系。那么，是否正如本章假设的理论分析与假设推导，会计师事务所政治关联有助于会计师事务所提高声誉、吸引更多的国有企业客户或者进行寻租活动等，进而提高市场份额呢？

会计师事务所建立政治关联后，如果依靠发挥代表委员类政治关联的声誉机制进而提高市场份额，将会对审计质量产生积极影响；如果依靠与政府的密切关系进行寻租活动以扩大市场份额，将会损害审计质量。因此，会计师事务所建立政治关联后对市场份额的提升，究竟是发挥了代表委员类政治关联的声誉昭示作用，还是将代表委员类政治关联作为寻租工具，本书将主要通过第五章的会计师事务所政治关联与审计质量的实证分析进行验证。

如果会计师事务所建立政治关联后能够吸引更多的国有企业客户，那么，与非国有企业相比，具有政治关联的会计师事务所在国有企业中应该会拥有更多的市场份额。因此，本章依据产权性质（*SOE*）将全样本分为国有企业和非国有企业两组，并利用模型（3-1）进行分样本回归；同时，在模型（3-1）的基础上，本章加入国有企业（*SOE*），以及国有企业（*SOE*）与会计师事务所政治关联（*PC*）的交互项（*SOE* × *PC*）构建模型（3-4）进行全样本回归，以检验产权性质对会计师事务所政治关联与市场份额之间关系的影响，其中，交互项（*SOE* × *PC*）的回归系数χ_2是我们重点关注的对象。

$$MS=\chi_0+\chi_1 PC+\chi_2 SOE\times PC+\chi_3 SOE+\chi_4 Big4+\chi_5 BT10+\chi_6 CPAREV+\chi_7 LLEV+\chi_8 LROA+\chi_9 LMAO+\chi_{10} PRO+Year+IND+\varepsilon \quad (3\text{-}4)$$

在模型（3-4）中，解释变量*SOE*表示产权性质，产权性质为国有企业时，变量*SOE*取值为1，否则为0。交互项（*SOE* × *PC*）包括变量*SOE* × *PC*1和变量*SOE* × *PC*2。如果交互项（*SOE* × *PC*）的回归系数χ_2显著为正，则表明与非国有企业相比，具有政治关联的会计师事务所在国有企业拥有更多的市场份额，会计师事务所政治关联通过吸引更多的国有企业客户，进而提高市场份额的作用路径就得到了验证。

表3-4报告了国有企业对会计师事务所政治关联与市场份额之间关系的调节效应检验结果，其中列（1）和列（2），列（4）和列（5）列示的是根据模型（3-1）进行的分组回归结果，列（3）和列（6）列示的是根据模型（3-4）进行的全样本回归结果。

由表3-4中的列（1）可知，在国有企业组，会计师事务所政治关联（*PC*1）与市场份额（*MS*）的回归系数为0.017，在1%水平上显著为正，说明具有政治关联的会计师事务所在国有企业拥有更多的市场份额；由列（2）可知，在非国有企业组，会计师事务所政治关联（*PC*1）与市场份额（*MS*）的回归系数为0.011，在1%水平上显著为正，说明具有政治关联的会计师事务所在非国有企业拥有更多的市场份额。进一步对两组中的会计师事务所政治关联（*PC*1）的回归系数进行组间差异检验，结果显示P值为0.000，这表明与非国有企业相比，具有政治关联的会计师事务所在国有企业中拥有更高的市场份额。

由表3-4中的列（4）可知，在国有企业组，会计师事务所政治关联（*PC*2）

与市场份额（*MS*）的回归系数为0.015，在1%水平上显著为正，说明具有政治关联的会计师事务所在国有企业拥有更多的市场份额；由列（5）可知，在非国有企业组，会计师事务所政治关联（*PC*2）与市场份额（*MS*）的回归系数为0.009，在1%水平上显著为正，说明具有政治关联的会计师事务所在非国有企业拥有更多的市场份额。进一步对两组中的会计师事务所政治关联（*PC*2）的回归系数进行组间差异检验，结果显示P值为0.000，表明与非国有企业相比，具有政治关联的会计师事务所在国有企业中拥有更高的市场份额。

由表3-4中的列（3）和列（6）可知，在全样本回归中，交互项（*SOE*×*PC*1）与市场份额（*MS*）的回归系数为0.007，在1%水平上显著为正；交互项（*SOE*×*PC*2）与市场份额（*MS*）的回归系数为0.006，在1%水平上显著为正。这表明，与非国有企业相比，具有政治关联的会计师事务所在国有企业会拥有更高的市场份额，与分样本回归的检验结果一致。

由表3-4的回归结果可知，与无政治关联的会计师事务所相比，具有政治关联的会计师事务所无论在国有企业还是在非国有企业均拥有较高的市场份额，但是相较于非国有企业，具有政治关联的会计师事务所在国有企业拥有更高的市场份额。这表明，会计师事务所建立政治关联后，确实能够通过吸引更多的客户特别是国有企业客户提高会计师事务所的市场份额。

表3-4　国有企业的调节效应检验结果

变量	（1）	（2）	（3）	（4）	（5）	（6）
	国有企业	非国有企业	全样本	国有企业	非国有企业	全样本
	MS	*MS*	*MS*	*MS*	*MS*	*MS*
*PC*1	0.017*** （14.731）	0.011*** （11.614）	0.010*** （16.149）			
SOE×*PC*1			0.007*** （6.941）			
*PC*2				0.015*** （12.032）	0.009*** （9.630）	0.008*** （12.820）
SOE×*PC*2						0.006*** （6.261）

续表

变量	(1)	(2)	(3)	(4)	(5)	(6)
	国有企业	非国有企业	全样本	国有企业	非国有企业	全样本
	MS	*MS*	*MS*	*MS*	*MS*	*MS*
SOE			−0.004*** (−5.554)			−0.004*** (−4.869)
*Big*4	0.050*** (16.805)	0.055*** (22.633)	0.049*** (31.080)	0.045*** (15.243)	0.052*** (21.296)	0.045*** (27.662)
*BT*10	0.043*** (36.470)	0.046*** (54.621)	0.045*** (93.749)	0.044*** (36.174)	0.047*** (54.738)	0.045*** (94.044)
CPAREV	0.033*** (17.165)	0.028*** (22.143)	0.033*** (32.742)	0.034*** (18.138)	0.028*** (22.763)	0.035*** (34.060)
LLEV	−0.001 (−0.353)	−0.001 (−0.343)	−0.002 (−1.230)	−0.001 (−0.489)	−0.000 (−0.295)	−0.002 (−1.324)
LROA	−0.003 (−0.354)	0.012** (2.085)	0.005 (0.998)	−0.002 (−0.166)	0.012** (2.166)	0.006 (1.106)
LMAO	0.001 (0.453)	0.002 (0.800)	0.002 (1.207)	0.001 (0.550)	0.001 (0.764)	0.002 (1.244)
PRO	−0.000*** (−4.842)	−0.000*** (−6.925)	−0.000*** (−8.001)	−0.000*** (−4.733)	−0.000*** (−6.877)	−0.000*** (−7.907)
_cons	−0.145*** (−16.621)	−0.120*** (−21.046)	−0.145*** (−28.729)	−0.152*** (−17.404)	−0.123*** (−21.543)	−0.150*** (−29.764)
Year 和 *IND*	控制					
N	4719	8058	12777	4719	8058	12777
调整 R^2	0.563	0.537	0.557	0.557	0.535	0.554
F	762.319	1168.922	870.329	742.518	1157.715	832.422

注：括号中数值为t值，列（3）和列（6）为稳健性回归结果。

（二）会计师事务所政治关联、法律环境与市场份额

寻租活动和声誉机制作用的发挥均会受到制度环境的影响。法律环境的改善会压缩会计师事务所寻租的活动空间，加大会计师事务所审计失败的概率和面临的潜在诉讼风险，增加会计师事务所进行寻租活动的成本，进而抑制会计师事务所将政治关联作为寻租工具的动机。法律环境的改善有利于会

计师事务所声誉机制作用的发挥（郑莉莉、郑建明，2017），增加上市公司对高质量审计的需求（张鸣等，2012）。代表委员类政治关联作为中国政治经济体制下特有的一种现象，其本身就是一种声誉机制。良好的地区法律环境有利于会计师事务所充分发挥代表委员类政治关联带来的声誉机制功能，向外界传递会计师事务所具有良好声誉的信号，提高会计师事务所的竞争力，获取更多的审计业务（李江涛等，2015）。因此，本书预期，如果会计师事务所发挥的是代表委员类政治关联的声誉昭示作用以提升市场份额，那么，相较于法律环境较差地区，具有政治关联的会计师事务所在法律环境较好地区拥有较多的市场份额；如果会计师事务所将代表委员类政治关联作为寻租工具以提升市场份额，那么，相较于法律环境较差地区，具有政治关联的会计师事务所在法律环境较好地区拥有较少的市场份额。

本书根据法律环境（*Law*）将全样本分为法律环境较好地区和法律环境较差地区两组，并利用模型（3-1）进行分样本回归；同时，在模型（3-1）的基础上，本书加入法律环境（*Law*），以及法律环境（*Law*）与会计师事务所政治关联（*PC*）的交互项（$PC\times Law$）构建模型（3-5）进行全样本回归，以检验法律环境对会计师事务所政治关联与市场份额之间关系的影响，其中，交互项（$PC\times Law$）的回归系数δ_2是我们重点关注的对象。

$$MS=\delta_0+\delta_1PC+\delta_2PC\times Law+\delta_3Law+\delta_4Big4+\delta_5BT10+\delta_6CPAREV+ \\ \delta_7LLEV+\delta_8LROA+\delta_9LMAO+\delta_{10}PRO+Year+IND+\varepsilon \tag{3-5}$$

在模型（3-5）中，变量*Law*表示地区法律环境。根据王小鲁等（2019）编制的“市场中介组织的发育和法律制度环境”指数的中位数[①]，对地区法律环境水平的好坏进行区分，并设置虚拟变量*Law*：地区法律环境较好时，变量*Law*取值为1，否则为0。交互项（$PC\times Law$）包括变量$PC1\times Law$和变量$PC2\times Law$。如果交互项（$PC\times Law$）的回归系数δ_2显著为正，则表明与在法

① 由于王小鲁等（2019）没有列示2015年和2017年衡量法律环境的相关数据，对此，本书使用三年滚动期的趋势分析法对法律环境进行计算。

律环境较差地区相比，具有政治关联的会计师事务所在法律环境较好地区拥有更多的市场份额。

表3-5报告了地区法律环境对会计师事务所政治关联与市场份额之间关系的调节效应检验结果，其中列（1）和列（2），列（4）和列（5）列示的是根据模型（3-1）进行的分组回归结果，列（3）和列（6）列示的是根据模型（3-5）进行的全样本回归结果。

由表3-5中的列（1）可知，在法律环境较好地区，会计师事务所政治关联（*PC*1）与市场份额（*MS*）的回归系数为0.016，在1%水平上显著为正，说明具有政治关联的会计师事务所在法律环境较好地区拥有更多的市场份额；由列（2）可知，在法律环境较差地区，会计师事务所政治关联（*PC*1）与市场份额（*MS*）的回归系数为0.012，在1%水平上显著为正，说明具有政治关联的会计师事务所在法律环境较差地区拥有更多的市场份额。进一步对两组中的会计师事务所政治关联（*PC*1）的回归系数进行组间差异检验，结果显示P值为0.000，表明与在法律环境较差地区相比，具有政治关联的会计师事务所在法律环境较好地区拥有更高的市场份额。

由表3-5中的列（4）可知，在法律环境较好地区，会计师事务所政治关联（*PC*2）与市场份额（*MS*）的回归系数为0.013，在1%水平上显著为正，说明具有政治关联的会计师事务所在法律环境较好地区拥有更多的市场份额；由列（5）可知，在法律环境较差地区，会计师事务所政治关联（*PC*2）与市场份额（*MS*）的回归系数为0.010，在1%水平上显著为正，说明具有政治关联的会计师事务所在法律环境较差地区拥有更多的市场份额。进一步对两组中的会计师事务所政治关联（*PC*2）的回归系数进行组间差异检验，结果显示P值为0.006，表明与在法律环境较差地区相比，具有政治关联的会计师事务所在法律环境较好地区拥有更高的市场份额。

由表3-5中的列（3）和列（6）可知，在全样本回归中，交互项（$PC1 \times Law$）与市场份额（*MS*）的回归系数为0.014，在1%水平上显著为正；交互项（$PC2 \times Law$）与市场份额（*MS*）的回归系数为0.011，在1%水平上显著为正。这表明，与在法律环境较差地区相比，具有政治关联的会计师事务所在法律环境较好地区拥有更高的市场份额，与分样本回归的检验结果一致。

由表3-5的回归结果可知，与无政治关联的会计师事务所相比，具有政治关联的会计师事务所无论在法律环境较好地区还是在法律环境较差地区均拥有较高的市场份额，但是相较于在法律环境较差地区，具有政治关联的会计师事务所在法律环境较好地区拥有的市场份额更高。这也在一定程度上说明，具有政治关联的会计师事务所应该是通过发挥政治关联的声誉昭示作用，而不是进行寻租活动以提高市场份额。后续将结合会计师事务所政治关联对审计质量的影响进一步对此结论进行验证。

表3-5　地区法律环境的调节效应检验结果1

变量	（1）	（2）	（3）	（4）	（5）	（6）
	法律环境较好地区	法律环境较差地区	全样本	法律环境较好地区	法律环境较差地区	全样本
	MS	*MS*	*MS*	*MS*	*MS*	*MS*
*PC*1	0.016*** （14.541）	0.012*** （12.342）				
*PC*1 × *Law*			0.014*** （15.434）			
*PC*2			0.004*** （6.068）	0.013*** （11.600）	0.010*** （10.426）	0.005*** （7.594）
*PC*2 × *Law*						0.011*** （11.305）
Law			−0.010*** （−12.713）			−0.007*** （−9.250）
*Big*4	0.052*** （22.596）	0.054*** （19.042）	0.046*** （29.050）	0.048*** （20.819）	0.050*** （17.858）	0.044*** （26.526）
*BT*10	0.051*** （53.424）	0.039*** （39.305）	0.045*** （90.913）	0.052*** （53.232）	0.039*** （39.325）	0.045*** （90.972）
CPAREV	0.033*** （22.453）	0.028*** （18.295）	0.035*** （33.912）	0.035*** （23.350）	0.029*** （18.967）	0.035*** （33.681）

续表

变量	（1）	（2）	（3）	（4）	（5）	（6）
	法律环境较好地区	法律环境较差地区	全样本	法律环境较好地区	法律环境较差地区	全样本
	MS	*MS*	*MS*	*MS*	*MS*	*MS*
LLEV	0.001 （0.550）	−0.000 （−0.053）	−0.001 （−0.596）	0.001 （0.506）	−0.000 （−0.030）	−0.001 （−0.681）
LROA	0.006 （0.851）	0.002 （0.285）	0.002 （0.489）	0.007 （0.999）	0.002 （0.361）	0.003 （0.594）
LMAO	0.002 （0.792）	0.001 （0.684）	0.002 （0.997）	0.002 （0.872）	0.001 （0.635）	0.002 （1.093）
PRO	−0.001*** （−10.191）	−0.000* （−1.700）	−0.000*** （−7.647）	−0.001*** （−9.738）	−0.000* （−1.827）	−0.000*** （−7.405）
_cons	−0.152*** （−21.739）	−0.122*** （−17.893）	−0.149*** （−29.596）	−0.157*** （−22.463）	−0.126*** （−18.442）	−0.151*** （−29.698）
Year 和 *IND*	控制					
N	6566	6211	12777	6566	6211	12777
调整 R^2	0.562	0.530	0.558	0.557	0.527	0.555
F	1055.245	875.820	885.827	1033.949	864.487	854.056

注：括号中数值为t值，列（3）和列（6）为稳健性回归结果。

（三）会计师事务所政治关联级别对市场份额的影响

以往研究表明，不同政治背景级别形成的政治关联带来的影响存在显著性差异。例如，张雯等（2017）认为，对于会计师事务所来说，本地官员比非本地官员的视察更有助于提高审计费用。吴文锋等（2008）研究发现，相较于中央政府任职经历，高管的地方政府任职经历更能增加企业的价值。李江涛等（2015）研究发现，考虑制度环境后，与省级政治关联相比，国家级政治关联对证券所经营业绩的正向影响更大。王兵等（2019）研究发现，企业拥有的代表委员类政治关联级别越高，企业被诉讼的风险越低。相较于省级代表和委员，国家级代表和委员的级别更高，拥有的政治权力也更大，能够接触更高级别的政府官员，获取更多的社会资源（王兵等，2019）。同时，国家级代表和委员参政议政带来的影响范围更加广泛，影响力也更大。因此，本书预期，与省级政治关联相比，会计师事务所的国家级政治关联对市场份额的正向影响更大。

为了考察会计师事务所政治关联的不同级别对市场份额的影响，借鉴李江涛等（2015）的思路，结合本书研究，设置了会计师事务所政治关联级别变量PC_D和PC_P。其中，PC_D表示会计师事务所国家级政治关联，PC_D=（当年度会计师事务所中当选全国代表和委员的注册会计师人数/当年度会计师事务所拥有的注册会计师总人数）×100；PC_P表示会计师事务所省级政治关联，PC_P=（当年度会计师事务所中当选省级代表和委员的注册会计师人数/当年度会计师事务所拥有的注册会计师总人数）×100。将变量PC_D和PC_P代入模型（3-1）进行回归，限于篇幅，回归结果本书不再列示，留存备索。

回归结果显示，在加入控制变量前，会计师事务所国家级政治关联（PC_D）和会计师事务所省级政治关联（PC_P）与市场份额（MS）的回归系数均在1%水平上显著为正。在加入控制变量后，会计师事务所国家级政治关联（PC_D）与市场份额（MS）的回归系数为0.128，在1%水平上显著为正；会计师事务所省级政治关联（PC_P）与市场份额（MS）的回归系数为0.007，在1%水平上显著为正。回归结果表明，会计师事务所国家级政治关联和省级政治关联均对市场份额具有显著正向影响，再次验证了假设1。

回归结果中，会计师事务所国家级政治关联（PC_D）的回归系数均大于会计师事务所省级政治关联（PC_P）的回归系数，为了考察不同级别的会计师事务所政治关联对市场份额的影响是否存在显著差异，本书进一步对变量PC_D和变量PC_P与市场份额（MS）的回归系数进行了差异检验。检验结果表明，变量PC_D和变量PC_P的回归系数存在显著差异，这意味着与会计师事务所省级政治关联相比，会计师事务所国家级政治关联对市场份额的正向影响更大，与本书的预期相一致。

（四）会计师事务所政治关联从有到无对市场份额的影响

本章上述的实证结果表明，会计师事务所建立政治关联后有助于提高市场份额，那么，对于会计师事务所而言，会计师事务所政治关联从有到无会对市场份额产生什么影响呢？对此，本书重新设置实验组和对照组，利用模型（3–2）检验会计师事务所政治关联从有到无对市场份额的影响。

本书用变量*Treat*1、变量*Treat*2和变量*Treat*3表示实验组，并将在2008年建立政治关联而在2013年未建立政治关联的会计师事务所（会计师事务所政治关联从有到无）设为实验组，变量*Treat*1、变量*Treat*2和变量*Treat*3均取值为1。对于对照组的设置，分为以下三种情况：第一种情况是将在2013年建立政治关联以及在2008年和2013年均未建立政治关联的会计师事务所设为对照组，变量*Treat*1取值为0；第二种情况是将在2013年建立政治关联的会计师事务所设为对照组，变量*Treat*2取值为0；第三种情况是将在2008年和2013年均未建立政治关联的会计师事务所设为对照组，*Treat*3取值为0。其他变量的设置与模型（3–2）相同。本书重点关注交互项$Treat1 \times Post$、$Treat2 \times Post$和$Treat3 \times Post$的系数。将变量*Treat*1、变量*Treat*2和变量*Treat*3及其与时间虚拟变量*Post*的交互项代入模型（3–2）进行回归，限于篇幅，本书对回归结果不再列示，留存备索。

回归结果显示，交互项（$Treat1 \times Post$）与市场份额（*MS*）的回归系数为–0.024，在1%水平上显著为负，这说明将在2013年建立政治关联以及在2008年和2013年均未建立政治关联的会计师事务所设为对照组时，在2008年建立政治关联而在2013年未建立政治关联的会计师事务所拥有的市场份额减少；交互项（$Treat2 \times Post$）与市场份额（*MS*）的回归系数为–0.031，在1%水平上显著为负，这说明将在2013年建立政治关联的会计师事务所设为对照组时，2008年建立政治关联而在2013年未建立政治关联的会计师事务所拥有的市场份额减少；交互项（$Treat3 \times Post$）与市场份额（*MS*）的回归系数为0.007，在1%水平上显著为正，这说明将在2008年和2013年均未建立政治关联的会计师事务所设为对照组时，2008年建立政治关联而在2013年未建立政治关联的会计师事务所拥有的市场份额增加。

回归结果表明，与在2013年建立政治关联的会计师事务所相比，在2013

年丧失政治关联的会计师事务所拥有较少的市场份额；与在2008年和2013年均未建立政治关联的会计师事务所相比，在2013年丧失政治关联的会计师事务所拥有较高的市场份额。这说明，会计师事务所丧失政治关联后，在短期内政治关联对市场份额的正向影响并没有随之消失，但是弱于会计师事务所当期拥有的政治关联对市场份额的正向影响。

第五节　本章小结

在竞争激烈的审计市场，市场份额对于提高会计师事务所的竞争力、扩大会计师事务所的审计市场影响力、保证会计师事务所的生存和发展具有非常重要的意义。因此，本书以中国证券资格会计师事务所及其审计的所有A股上市公司客户为研究对象，考察了会计师事务所政治关联对市场份额的影响及其作用机理。

实证研究发现，会计师事务所政治关联与市场份额显著正相关，即与无政治关联的会计师事务所相比，具有政治关联的会计师事务所占有更大的市场份额。在采用双重差分法控制内生性问题、进行安慰剂检验、替换市场份额和会计师事务所政治关联的度量指标、改变研究样本范围、重新构建模型后，上述结果依然稳健。

作用机理分析表明，会计师事务所政治关联确实能够通过吸引更多的客户特别是国有企业客户，进而提升会计师事务所的市场份额。异质性检验发现，地区法律环境对会计师事务所政治关联与市场份额之间的关系具有显著的调节效应，即相较于法律环境较差地区，会计师事务所政治关联在法律环境较好地区对市场份额的正向影响更大。

进一步分析发现，不同级别的会计师事务所政治关联对市场份额具有不同的影响。具体来讲，与无政治关联的会计师事务所相比，无论是会计师事务所拥有的省级政治关联，还是会计师事务所拥有的国家级政治关联均能显著提高市场份额，再次验证了会计师事务所政治关联对市场份额的正向影响；与会计师事务所拥有的省级政治关联相比，会计师事务所拥有的国家级政治关联对市场份额的正向影响更大。会计师事务所丧失政治关联后，在短期内政治关联对市场份额的影响并没有随之消失，但是弱于会计师事务所当期拥有的政治关联对市场份额的影响。

地区法律环境对会计师事务所政治关联与市场份额之间关系的正向影响，初步表明会计师事务所政治关联主要是通过发挥声誉机制的作用提升了市场份额。会计师事务所丧失政治关联后，政治关联对市场份额的正向影响依然存在，这在一定程度上表明，声誉机制发挥的作用更加长久稳定，更有利于会计师事务所市场竞争力的提升。当然，会计师事务所政治关联是否通过声誉机制的途径对市场份额产生影响，还需要后续对会计师事务所政治关联与审计质量之间关系进行考察以提供更多、更有说服力的证据。

第四章　会计师事务所政治关联的经济效益——审计费用

第一节　引言

在中国当前的政治经济制度背景下，对于具有经济属性和社会属性的会计师事务所来说，要实现长期可持续发展，获取经济效益和社会效益缺一不可。经济效益是会计师事务所追求社会效益的基础和提前。除了市场份额之外，审计费用也是会计师事务所实现良好经济效益的重要影响因素。审计费用一直是学术界和实务界关注的焦点，审计费用受到会计师事务所规模、声誉、企业特征及外部环境等诸多因素的影响。代表委员类政治关联是中国政治经济体制下特有的一种现象，既可能带来正面效应，也可能带来负面效应。以往研究发现，企业的代表委员类政治关联具有治理效应、资源效应、保护效应等方面的作用。那么，会计师事务所通过注册会计师获得党代表、人大代表和政协委员的身份建立的政治关联会对审计收费产生影响吗？

现有文献对政治关联的研究主要集中于企业政治关联，而对会计师事务所政治关联的研究主要是围绕会计师事务所的发审委联系视角展开，鲜有学者研究会计师事务所代表委员类政治关联带来的影响。在少数关于会计师事务所代表委员类政治关联的研究文献中，李江涛等（2015）检验了会计师事务所政治关联与会计师事务所经营业绩之间的关系以及制度环境对二者关系的调节作用；王瑜等（2019）检验了会计师事务所政治关联对审计费用等方面的影响。与上述文献不同，本书不仅考察了会计师事务所政治关联对审计费用的影响及其作用机理，还探究了不同级别的政治关联和会计师事务所政治关联从有到无对审计费用的影响。

本章基于中国证券资格会计师事务所及其审计的上市公司客户数据，以注册会计师当选代表和委员作为衡量会计师事务所政治关联的依据，逐步深入地回答了以下五个问题：①会计师事务所政治关联影响审计费用吗？②会计师事务所政治关联影响审计费用的作用路径是什么？③地区法律环境和客户重要性会影响会计师事务所政治关联与审计费用之间的关系吗？④不同级别的会计师事务所政治关联是否会对审计费用产生不同的影响？⑤会计师事务所政治关联从有到无会对审计费用产生什么影响？

本章可能的研究贡献在于：①基于代表委员类政治关联视角，研究会计师事务所政治关联对审计费用的影响及其作用机理，丰富了会计师事务所政治关联后果和审计费用影响因素的相关研究，体现出一定的理论价值；②探究了会计师事务所政治关联对审计费用的作用机理，发现会计师事务所政治关联能够通过提升市场份额进而提高审计费用；③结合中国国情，研究会计师事务所政治关联对审计费用的影响及其作用机理，所得结论为注册会计师获得代表委员类政治身份在微观层面的影响提供了新的经验证据，对会计师事务所、政府及监管者等都具有重要的借鉴意义。

第二节　理论分析与研究假设

对于会计师事务所来说，通过注册会计师当选代表和委员建立政治关联后，能够提高会计师事务所的声誉和市场份额，基于维护声誉和保持竞争优势的考虑，具有政治关联的会计师事务所可能会通过增加审计资源投入以提高审计质量，降低审计失败概率；但是，会计师事务所建立政治关联后，也可能会基于与政府的密切关系进行寻租活动，这些都可能导致审计费用的提高。

第一，会计师事务所政治关联有助于提高会计师事务所的声誉和市场份额，进而提升审计费用。在中国的政治经济制度背景下，注册会计师不能脱离会计师事务所单独从事审计工作，因此，注册会计师当选代表和委员，既是其个人声誉，也是其所在会计师事务所的声誉，意味着行业、公众和国家对注册会计师及其所在会计师事务所的认可，能够在一定程度上构成会计师事务所的信用保障，对会计师事务所的声誉进行诠释具有隐形担保的作用。不同于政府官员类政治关联，代表委员类政治关联本身就是一种声誉机制，并且代表委员类政治关联带来的制度声誉，公信力更强，发挥作用也更加稳定，能够向外界传递会计师事务所具有良好声誉的信号。以往研究表明，具有良好声誉的会计师事务所能够获得超额审计收益和更大的市场份额（陈智、徐泓，2013）。在本书的第三章，我们已经验证了会计师事务所政治关联能够显著提高会计师事务所市场份额，而会计师事务所市场份额的提升，能够降低会计师事务所对客户的经济依赖性，提高会计师事务所的议价能力。Simunic（1980）曾指出，会计师事务所的市场份额可能会对审计费用产生正向影响，田利辉和刘霞（2013）的研究也发现市场份额能够使会计师事务所获得高额审计费用。因此，代表委员类政治关联对于会计师事务所声誉和市场份额的提高均可能导致审计费用提高。

第二，会计师事务所政治关联有助于增加审计资源投入，或者收取风险溢价，进而提升审计费用。获得代表委员类政治身份的注册会计师不仅是行业代表人士，还在会计师事务所拥有主任会计师、首席合伙人或所长等高职位，属于会计师事务所的决策层，他们的个人声誉和会计师事务所声誉存在捆绑效应，个人声誉和会计师事务所声誉相互影响。根据马斯洛的需求层次理论，拥有代表委员类政治身份的注册会计师的低层次需求已经得到满足，他们更多的是追求尊重需求或自我实现需求，而代表委员类政治身份的获得意味着他们拥有较高的社会地位和政治地位，有助于他们实现对高层次需求的追求。他们会更加重视和珍惜这份荣誉的获得与维护，执业时会更加谨慎。他们属于会计师事务所的决策层，他们在事务所的地位决定了其执业态度和行为很可能会影响到整个会计师事务所。因此，具有政治关联的会计师事务所可能会增加审计投入，实施更多的实质性程序等，以提高审计质量，降低审计失败概率，维护声誉。审计资源投入的增加显然会导致审计成本的提高。当然，由于一些无法控制和消除的风险，具有政治关联的会计师事务所也可能会对客户收取更高的审计风险溢价，以弥补未来可能发生的损失（王良成、陈汉文，2010）。无论是增加审计投入还是收取风险溢价，都会导致审计费用的增加。

第三，会计师事务所政治关联有助于获得政府的支持和保护，通过进行寻租活动提高审计费用。会计师事务所建立政治关联后，与政府关系密切，相较于无政治关联的会计师事务所，更可能获得政府的支持和保护，从而避免或减轻因违规、违法行为而遭受的处罚。而且，相较于美、英等成熟经济体，我国注册会计师行业实际面临的法律诉讼风险较低（刘峰、许菲，2002），更有可能为了获取经济利益而降低审计独立性。因此，在竞争激烈的审计市场，为了追逐经济利益，具有政治关联的会计师事务所可能会提高对客户盈余管理的容忍度，或者进行审计合谋，以损害审计质量为代价来换取较高的审计收费。

基于以上分析我们可知，无论是从声誉机制等视角进行的分析，还是从寻租视角进行的分析，会计师事务所政治关联均可能提高审计费用。因此，提出以下假设：

假设2：其他条件相同，与无政治关联的会计师事务所相比，具有政治关联的会计师事务所收取的审计费用更高。

第三节　研究设计

一、样本选择与数据来源

根据本书第二章对于会计师事务所政治关联的外部环境分析我们可知，相较于2013年之前，2013年之后，审计师的执业环境发生了较大变化，增加了审计师的法律责任和法律风险，增强了审计师的风险意识。动机驱使行为、会计师事务所执业环境的变化，会在很大程度上影响会计师事务所对政治关联的使用动机，进而影响会计师事务所的审计收费。此外，在国家政策的推动下，2013年之前发生较多证券资格会计师事务所合并重组事件。《意见》的发布，使得注册会计师当选代表和委员的人次从2013年开始大幅度增加。本书主要是从会计师事务所层面考察注册会计师获得代表委员类政治身份带来的影响，因此，为了尽量避免反腐新政、“两年两单”、会计师事务所转制，以及会计师事务所合并等事件对本书研究可能产生的噪声干扰，得到更加干净的研究样本，增强研究结论的可靠性，本书将2013—2017年作为样本的主要研究期间。需要说明的是，在稳健性检验中的双重差分回归分析、进一步分析中的会计师事务所政治关联从有到无对会计师事务所审计费用的影响两个部分，将用到2008—2017年的样本数据。

本书以我国证券资格会计师事务所及其审计上市公司客户为初始研究样本，借鉴以往研究，剔除了金融保险行业的客户样本、财务状况异常的ST类客户样本，以及相关数据缺失的客户样本，共得到11978个观测值。此外，本书对所有连续变量进行缩尾处理（上下1%水平）以降低奇异值对回归结果的影响，并对所有模型采用稳健性回归。本书的会计师事务所政治关联数据主要是通过在中注协网站、地方注协网站、会计师事务所网站、百度搜索引擎以及财会信报等搜集注册会计师当选代表和委员的信息，然后经加工整理形成。国内生产总值的数据来自国家统计局网站，会计师事务所受罚的数据根据中注协2008—2016年公布的会计师事务所综合评价排名及2017年公布的会计师事务所业务收入排名整理而得，地区法律环境数据根据王小鲁等（2019）整理而得，其他数据均来自国泰安（CSMAR）数据库。

二、模型构建和变量定义

为了验证本章的假设，本书构建了多元回归模型（OLS），即模型（4–1）。

$$\begin{aligned} Fee = {} & \alpha_0 + \alpha_1 PC + \alpha_2 Size + \alpha_3 Big4 + \alpha_4 LEV + \alpha_5 SOE + \alpha_6 Lloss + \\ & \alpha_7 ROA + \alpha_8 LMAO + \alpha_9 Growth + \alpha_{10} INVREC + \alpha_{11} TOP1 + \\ & \alpha_{12} CEO + \alpha_{13} GDP + \alpha_{14} Two + Year + IND + \varepsilon \end{aligned} \tag{4–1}$$

在模型（4–1）中，被解释变量*Fee*表示审计费用，借鉴以往研究文献（冯银波、叶陈刚，2019；王西子、吴联生，2020），本书使用当期境内审计费用的自然对数进行衡量。

解释变量*PC*表示会计师事务所政治关联系列变量，包括变量*PC*1和变量*PC*2。与本书第三章中会计师事务所政治关联的衡量方式保持一致，借鉴以往研究文献（况学文等，2017；李江涛等，2015；潘克勤，2010；全进等，2018），本章将研究期间会计师事务所是否存在注册会计师当选省级及以上代表和委员作为依据，主要采用虚拟变量法衡量会计师事务所政治关联。本章对会计师事务所政治关联的衡量依然分为两种情况：一种是不考虑研究期间事务所中当选代表和委员的注册会计师转所情况，将在2013年存在注册会计师当选省级及以上代表和委员的会计师事务所定义为具有政治关联的会计师事务所，用变量*PC*1表示；另一种是考虑研究期间会计师事务所中当选代表和委员的注册会计师转所情况，将当年度存在注册会计师当选省级及以上代表和委员的会计师事务所定义为具有政治关联的会计师事务所，用变量*PC*2表示。此外，为了保证研究结论的可靠性，与本书第三章一样，本章设置了会计师事务所政治关联连续变量用于后续的稳健性检验。

参考已有文献，在模型（4-1）中，本书加入了以下控制变量：公司规模（*Size*），公司规模越大，会计师事务所的审计成本越高，收取的审计费用也越高；国际“四大”会计师事务所（*Big*4），相较于本土会计师事务所，国际“四大”会计师事务所收取的审计费用更高；资产负债率（*LEV*），资产负债率越高，公司的财务风险越大，审计师面临的审计风险可能越高，审计收费自然也越高；产权性质（*SOE*），相较于民营企业，审计师对于破产风险较低的国有企业可能会收取较低审计费用；总资产收益率（*ROA*），总资产收益率越高，意味着公司盈利能力越强，破产的可能性越低，审计风险相对较低，审计收费也随之降低；上年度盈亏状况（*Lloss*），亏损特别是连续亏损的公司经营风险较大，审计师可能会提高审计费用，以加大审计投入、降低审计风险；上年度审计意见类型（*LMAO*），被出具非标准无保留审计意见的公司整体经营风险较大，审计师可能会增加审计投入或收取风险溢价，或者两者兼有，进而导致审计费用提高；销售收入增长率（*Growth*），它反映了公司的成长性，高成长性公司的管理层具有较高机会主义行为的可能性较大（Skinner，1993），相较于低成长性公司其风险更大，审计收费可能更高；存货和应收账款占比（*INVREC*），存货和应收账款占比越高，意味着公司的业务复杂度相对越高，审计师收取的审计费用也可能较高；第一大股东持股比例（*TOP*1）和管理层持股比例（*CEO*），股权结构会影响审计费用，但研究结论尚未达成一致观点；国内生产总值（*GDP*），它反映了经济发展水平，地区经济发展水平的差异可能会对审计费用产生影响；两职合一（*Two*），上市公司的总经理和董事长由不同人员进行担任会增强监督的有效性，降低审计工作的控制风险，缩小审计工作范围，降低审计收费（Tsui et al.，2001）。同时，本书在模型中加入行业（*IND*）和年份（*Year*）变量以控制行业和年份的影响。变量具体定义见表4-1。

表4-1　变量定义2

变量类型	变量名称	变量符号	变量定义
解释变量	审计费用	*Fee*	当期境内审计费用的自然对数
被解释变量	会计师事务所政治关联	*PC*1	会计师事务所政治关联虚拟变量。2013 年会计师事务所有注册会计师当选省级及以上代表和委员时，*PC*1 取值为 1，否则为 0
		*PC*2	会计师事务所政治关联虚拟变量。当年度会计师事务所有注册会计师当选省级及以上代表和委员时，*PC*2 取值为 1，否则为 0
控制变量	国际“四大”会计师事务所	*Big*4	会计师事务所为国际“四大”会计师事务所时，*Big*4=1，否则为 0
	公司规模	*Size*	上市公司总资产的自然对数
	资产负债率	*LEV*	总负债 / 总资产
	产权性质	*SOE*	上市公司为国有企业时 *SOE*=1，否则为 0
	上年度盈亏状况	*Lloss*	上一年度公司净利润为负时 *Loss*=1，否则为 0
	总资产收益率	*ROA*	净利润 / 股东权益平均余额
	上年度审计意见类型	*LMAO*	上一年度被出具非标准审计意见时 *LMAO*=1，否则为 0
	销售收入增长率	*Growth*	（营业收入本年本期金额 – 营业收入上年同期金额）/（营业收入上年同期金额）
	存货和应收账款占比	*INVREC*	（应收账款 + 存货）/ 总资产
	第一大股东持股比例	*TOP*1	第一大股东持股数量占公司总股数的比例
	管理层持股比例	*CEO*	管理层持股总数 / 总股数
	国内生产总值	*GDP*	当年度国内生产总值的自然对数
	两职合一	*Two*	上市公司总经理和董事长由同一人担任时 *Two*=1，否则为 0
	行业	*IND*	控制行业因素
	年份	*Year*	控制年度因素

第四节　实证结果与分析

一、描述性统计

表4-2报告了本章样本的描述性统计结果。由表4-2可知，在研究样本中，审计费用（*Fee*）的均值为13.609，最小值为12.301，最大值为15.616，说明样本公司的审计费用存在一定的差异。会计师事务所政治关联（*PC*1和*PC*2）的均值分别为0.778和0.788，表明绝大多数样本公司年报审计的会计师事务所具有政治关联，所占比例较高。国际“四大”会计师事务所（*Big*4）的均值为0.048，表明样本中有4.8%的上市公司聘请的会计师事务所为国际“四大”。产权性质（*SOE*）的均值为0.356，说明样本公司中有35.6%的上市公司为国有企业。上年度盈亏状况（*Lloss*）的均值为0.087，说明样本中有8.7%的上市公司上一年度处于亏损状态。上年度审计意见类型（*LMAO*）的均值为0.027，说明样本中有2.7%的上市公司上一年度被出具了非标准审计意见。两职分离（*Two*）的均值为0.267，表明样本中有26.7%的上市公司存在董事长与总经理兼任的情况。

表4-2　描述性统计2

变量	样本量	最小值	平均值	中位数	最大值	标准差
Fee	11978	12.301	13.609	13.528	15.616	0.607
*PC*1	11978	0.000	0.778	1.000	1.000	0.415
*PC*2	11978	0.000	0.788	1.000	1.000	0.409
Size	11978	19.357	22.146	22.002	25.674	1.234
*Big*4	11978	0.000	0.048	0.000	1.000	0.214
LEV	11978	0.050	0.426	0.414	0.949	0.209
SOE	11978	0.000	0.356	0.000	1.000	0.479
Lloss	11978	0.000	0.087	0.000	1.000	0.283
ROA	11978	–0.164	0.042	0.037	0.223	0.054
LMAO	11978	0.000	0.027	0.000	1.000	0.162

续表

变量	样本量	最小值	平均值	中位数	最大值	标准差
Growth	11978	−0.707	0.506	0.168	11.408	1.438
INVREC	11978	0.005	0.270	0.248	0.760	0.170
*Top*1	11978	8.790	34.270	32.140	74.820	14.745
CEO	11978	0.000	0.069	0.001	0.588	0.136
GDP	11978	26.179	28.846	28.800	29.827	0.693
Two	11978	0.000	0.267	0.000	1.000	0.442

表4–3列示了根据会计师事务所是否建立政治关联进行分组后，变量的组间均值和中位数比较分析结果。由表4–3的Panel A可知，在会计师事务所无政治关联组（*PC*1=0），审计费用（*Fee*）的均值为13.581，中位数为13.459；在会计师事务所有政治关联组（*PC*1=1），审计费用（*Fee*）的均值为13.617，中位数为13.528；由表4–3的Panel B可知，在会计师事务所无政治关联组（*PC*2=0），审计费用（*Fee*）的均值为13.532，中位数为13.459；在会计师事务所有政治关联组（*PC*2=1），审计费用（*Fee*）的均值为13.630，中位数为13.528。表4–3的Panel A和Panel B的结果均显示，会计师事务所有政治关联组的审计费用均值和中位数均显著高于会计师事务所无政治关联组。会计师事务所政治关联（*PC*1和*PC*2）的组间均值和中位数差异检验表明，与无政治关联的会计师事务所相比，具有政治关联的会计师事务所收取的审计费用更高，验证了假设2。

在控制变量方面，表4–3的Panel A显示，会计师事务所有政治关联组的总资产收益率（*ROA*）、第一大股东持股比例（*Top*1）、管理层持股比例（*CEO*）的均值和中位数均显著高于会计师事务所无政治关联组，国际“四大”会计师事务所（*Big*4）、上年度审计意见类型（*LMAO*）、存货和应收账款比例（*INVREC*）的均值和中位数均显著低于会计师事务所无政治关联组。表4–3的Panel B显示，会计师事务所有政治关联组的公司规模（*Size*）、国际“四大”会计师事务所（*Big*4）、产权性质（*SOE*）、总资产收益率（*ROA*）、第一大股东持股比例（*Top*1）、两职合一（*Two*）的均值和中位数均显著高于会计师事务所无政治关联组；上期审计意见（*LMAO*）、存货和应收账款比例（*INVREC*）的均值和中位数均显著低于会计师事务所无政治关联组。

表4-3　组间均值和中位数差异检验1

Panel A								
变量	*PC*1=0			*PC*1=1			MeanDiff（均值）	Chi2（中位数）
	样本量	均值	中位数	样本量	均值	中位数		
Fee	2657	13.581	13.459	9321	13.617	13.528	−0.035***	11.968***
Size	2657	22.160	21.999	9321	22.142	22.002	0.018	0.004
*Big*4	2657	0.060	0.000	9321	0.045	0.000	0.015***	10.640***
LEV	2657	0.430	0.428	9321	0.425	0.412	0.005	3.831*
SOE	2657	0.348	0.000	9321	0.358	0.000	−0.010	0.928
Lloss	2657	0.091	0.000	9321	0.087	0.000	0.004	0.441
ROA	2657	0.037	0.033	9321	0.043	0.038	−0.006***	23.196***
LMAO	2657	0.033	0.000	9321	0.025	0.000	0.008**	4.484**
Growth	2657	0.541	0.173	9321	0.496	0.166	0.045	0.894
INVREC	2657	0.282	0.258	9321	0.267	0.245	0.015***	7.081***
*Top*1	2657	33.208	30.580	9321	34.573	32.720	−1.365***	17.727***
CEO	2657	0.064	0.000	9321	0.071	0.001	−0.006**	15.497***
GDP	2657	28.835	28.723	9321	28.849	28.823	−0.013	36.884***
Two	2657	0.254	0.000	9321	0.270	0.000	−0.016	2.648
Panel B								
变量	*PC*2=0			*PC*2=1			MeanDiff（均值）	Chi2（中位数）
	样本量	均值	中位数	样本量	均值	中位数		
Fee	2536	13.532	13.459	9442	13.630	13.528	−0.097***	29.562***
Size	2536	22.077	21.931	9442	22.164	22.018	−0.087***	4.420**
*Big*4	2536	0.012	0.000	9442	0.058	0.000	−0.046***	90.941***
LEV	2536	0.423	0.416	9442	0.426	0.414	−0.003	0.072
SOE	2536	0.340	0.000	9442	0.360	0.000	−0.020*	3.657*
Lloss	2536	0.092	0.000	9442	0.086	0.000	0.006	0.920
ROA	2536	0.037	0.033	9442	0.043	0.038	−0.006***	18.441***
LMAO	2536	0.034	0.000	9442	0.025	0.000	0.009***	6.777***

续表

Panel B								
变量	*PC*2=0			*PC*2=1			MeanDiff（均值）	Chi2（中位数）
	样本量	均值	中位数	样本量	均值	中位数		
Growth	2536	0.544	0.174	9442	0.496	0.166	0.048	1.251
INVREC	2536	0.284	0.259	9442	0.267	0.245	0.017***	9.805***
*Top*1	2536	32.862	30.300	9442	34.648	32.800	–1.787***	26.144***
CEO	2536	0.066	0.000	9442	0.070	0.001	–0.004	10.373***
GDP	2536	28.841	28.723	9442	28.847	28.823	–0.006	31.291***
Two	2536	0.252	0.000	9442	0.271	0.000	–0.018*	3.398*

本章对变量之间的相关性系数进行了检验，限于篇幅，结果在本书中不再列示，留存备索。检验结果显示，在Spearman相关性系数检验和Pearson相关性系数检验中，会计师事务所政治关联（*PC*1和*PC*2）与审计费用（*Fee*）的相关性系数均在1%水平上显著为正。相关性系数检验结果初步验证了假设2，即会计师事务所政治关联能够显著提高审计费用。

在控制变量方面，无论是Spearman相关性系数检验还是Pearson相关性系数检验，公司规模（*Size*）、国际“四大”会计师事务所（*Big*4）、资产负债率（*LEV*）、产权性质（*SOE*）、第一大股东持股比例（*TOP*1）、国内生产总值（*GDP*）均与审计费用（*Fee*）显著正相关，表明资产规模越大、资产负债率越高、第一大股东持股比例越高、所在省份的国内生产总值越高、审计会计师事务所为国际“四大”会计师事务所、产权性质为国有企业的公司，审计费用越高；管理层持股比例（*CEO*）、两职合一（*Two*）均与审计费用（*Fee*）显著负相关，表明管理层持股比例越高、董事长和总经理存在兼任的公司，审计费用越低。在Pearson相关性系数检验中，上年度审计意见类型（*LMAO*）、销售收入增长率（*Growth*）均与审计费用（*Fee*）显著负相关，表明上一年度被出具非标准审计意见和销售增长率越高的公司，审计费用越低。相关系数检验只是对单变量之间的关系进行简单分析，更严谨和更有说服力的证据还有待进一步的多元回归分析来提供。此外，本书计算了自变量的方差膨胀因子（VIF），最大值为1.94，均值为1.28，表明模型不存在严重的多重共线性问题。

二、回归结果分析

表4-4报告了模型（4-1）即会计师事务所政治关联与审计费用的回归结果。由表4-4中的列（1）和列（2）可知，在加入控制变量前，会计师事务所政治关联（*PC*1和*PC*2）与审计费用（*Fee*）的回归系数均在1%水平上显著为正。由表4-4中的列（3）和列（4）可知，在加入控制变量后，会计师事务所政治关联（*PC*1）与审计费用（*Fee*）的回归系数为0.062，在1%水平上显著为正；会计师事务所政治关联（*PC*2）与审计费用（*Fee*）的回归系数为0.056，在1%水平上显著为正。表4-4的回归结果表明，与无政治关联的会计师事务所相比，具有政治关联的会计师事务所审计收费更高，支持了假设2。

在控制变量方面，公司规模（*Size*）、国际“四大”会计师事务所（*Big*4）、上年度盈亏状况（*Lloss*）、上年度审计意见类型（*LMAO*）、存货和应收账款占比（*INVREC*）、国内生产总值（*GDP*）均与审计费用（*Fee*）显著正相关，表明公司资产规模越大、存货和应收账款之和占总资产的比例越高、所处省份的国内生产总值越高，会计师事务所的审计收费越高；对于上一年度处于亏损状态以及上一年度被出具非标准审计意见的公司，会计师事务所会收取较高的审计费用；会计师事务所为国际“四大”时，公司对其支付的审计费用较高。产权性质（*SOE*）、总资产收益率（*ROA*）和第一大股东持股比例（*Top*1）均与审计费用（*Fee*）显著负相关，表明相比非国有企业，会计师事务所对国有企业的审计收费更低；公司的盈利能力越强、第一大股东持股比例越高，会计师事务所对其审计收费越低。

表4-4　会计师事务所政治关联与审计费用的回归结果

变量	（1）	（2）	（3）	（4）
	Fee	*Fee*	*Fee*	*Fee*
*PC*1	0.036*** （2.681）		0.062*** （6.809）	
*PC*2		0.093*** （7.302）		0.056*** （6.158）
Size			0.358*** （80.864）	0.358*** （80.755）
*Big*4			0.544*** （25.073）	0.531*** （24.221）
LEV			0.024 （0.942）	0.023 （0.913）
SOE			−0.148*** （−16.260）	−0.148*** （−16.225）
Lloss			0.071*** （5.005）	0.072*** （5.024）
ROA			−0.282*** （−3.683）	−0.278*** （−3.636）
LMAO			0.164*** （6.170）	0.164*** （6.178）
Growth			−0.003 （−0.909）	−0.003 （−0.928）
INVREC			0.094*** （3.525）	0.094*** （3.495）
*Top*1			−0.001*** （−2.649）	−0.001*** （−2.605）
CEO			0.018 （0.650）	0.019 （0.663）
GDP			0.037*** （6.755）	0.037*** （6.791）
Two			0.010 （1.135）	0.010 （1.099）
_cons	13.311*** （334.504）	13.271*** （333.888）	4.598*** （25.428）	4.596*** （25.390）

续表

变量	(1)	(2)	(3)	(4)
	Fee	*Fee*	*Fee*	*Fee*
Year 和 *IND*	控制			
N	11978	11978	11978	11978
调整 R^2	0.069	0.072	0.589	0.588
F	35.928	37.155	398.247	393.134

注：括号中的数值为t值，模型采用稳健回归。

三、稳健性检验

为了验证上述结论的有效性，本章进行了一系列的稳健性检验，限于篇幅，检验结果在本书中不再列出，留存备索。

（一）内生性检验

党代表、人大代表和政协委员的一届任期为5年，一般当选后在任期内拥有的代表委员类政治身份不会被取消。从动态视角看，审计费用与注册会计师获取代表委员类政治身份之间可能相互影响；从静态视角看，注册会计师一旦取得代表委员类政治身份，在任期内不会受到审计费用的影响。在本书研究中，注册会计师在2013年当选代表和委员后，任期是5年，即在研究期间会计师事务所通过注册会计师获得代表委员类政治身份建立政治关联后，会计师事务所政治关联不会因为审计费用的变化而发生变化。因此，我们可以排除反向因果关系对本章结论的影响。此外，本章还尽可能多地控制了各种影响因素，这也在一定程度上降低了因遗漏变量导致的内生性问题。

尽管前文实证结果表明，会计师事务所政治关联与审计费用呈显著正相关关系，但是这一结果也可能是由于政治关联会计师事务所自身的一些特征，例如会计师事务所的规模相对较大、声誉相对较高或者拥有行业专长等，导致会计师事务所的审计收费本身就偏高，愿意支付高审计费用的上市公司也可能更倾向于选择这类会计师事务所，而不是由于会计师事务所建立的代表委员类政治关联所引起的。注册会计师当选代表和委员不仅会受到会计师事务所规模等可观测变量的影响，还可能会受到注册会计师及其所在会计师事务所的一些不可观测变量的影响。虽然本书已经控制了一些审计费用的影响因素，但仍可能存在因遗漏变量导致的内生性问题。基于此，本书利用代表和委员的换届选举事件形成的外部冲击，构建双重差分模型（DID），即模型（4–2）用以检验会计师事务所政治关联对审计费用的影响。

$$Fee=\beta_0+\beta_1 Treat+\beta_2 Treat\times Post+\beta_3 Post+\beta_4 Size+\beta_5 Big4+\beta_6 LEV+\beta_7 SOE+\beta_8 Lloss+\beta_9 ROA+\beta_{10} LMAO+\beta_{11} Growth+\beta_{12} INVREC+\beta_{13} Top1+\beta_{14} CEO+\beta_{15} GDP+\beta_{16} Two+Year+IND+\varepsilon \tag{4-2}$$

在模型（4–2）中，变量*Treat*表示实验组，变量*Post*表示时间虚拟变量。2012年是新一届政协委员和人大代表的选举年份，2013年是新一届任期的开始年份。因此，本书将2008—2012年设为基期，虚拟变量*Post*取值为0；将2013—2017年设为实验期，*Post*取值为1。将2013年建立政治关联的会计师事务所设为实验组，虚拟变量*Treat*取值为1；将2013年未建立政治关联的会计师事务所设为对照组，*Treat*取值为0。在模型（4–2）中，我们重点关注交互项（*Treat×Post*）的系数β_2，并且预期β_2显著为正。

模型（4–2）的回归结果显示，交互项（*Treat×Post*）与审计费用（*Fee*）的回归系数为0.023，在10%水平上显著为正，说明会计师事务所政治关联确实能够提高审计费用。回归结果表明，考虑内生性问题后，回归结果与本章上述结论一致，再次验证了假设2。

（二）安慰剂检验（Placebo Test）

与本书第三章相同，本章依然借鉴张莉等（2018）的思路进行安慰剂检验，以验证本章上述回归结果是否可靠，是否完全由偶然因素或不可观测因素造成。具体的做法是：我们将会计师事务所政治关联随机分配给会计师事务所，再将新生成的样本数据采用模型（4–1）进行回归，并将安慰剂检验重复1000次，以增强检验的可靠性。如果安慰剂检验的结果与上文的结果一致，即会计师事务所政治关联（*PC*1和*PC*2）与审计费用（*Fee*）的回归系数显著为正，说明本章的结论并不能为会计师事务所政治关联与审计费用之间存在显著的正相关关系提供强有力的经验证据。如果安慰剂检验结果显示会计师事务所政治关联（*PC*1和*PC*2）与审计费用（*Fee*）的回归系数不显著，则说明本章的研究结论是可靠的。

安慰剂检验结果显示，本章将会计师事务所政治关联（*PC*1）随机分配给会计师事务所后，会计师事务所政治关联（*PC*1）的回归系数对应的t值分布显著集中于±1.96之间。其中，t值大于-1.96且小于1.96的比例为95.5%，大于1.96的比例为2.6%，小于-1.96的比例为1.9%，回归系数显著为正和显著为负的比例较低。此外，本书以±1.65为临界值，计算得出会计师事务所政治关联（*PC*1）的回归系数对应的t值大于-1.65且小于1.65的比例为90.3%，大于1.65的比例为4.9%，小于-1.65的比例为4.8%，依然可以认为会计师事务所政治关联（*PC*1）的系数显著为正和显著为负的比例较低。

本书将会计师事务所政治关联（*PC*2）随机分配给会计师事务所后，会计师事务所政治关联（*PC*2）与审计费用（*Fee*）的回归系数对应的t值分布显著集中于±1.96之间。其中，t值大于-1.96且小于1.96的比例为95.7%，大于1.96的比例为2.0%，小于-1.96的比例为2.3%，回归系数显著为正和显著为负的比例较低。本书以±1.65为临界值，计算得出会计师事务所政治关联（*PC*2）的回归系数对应的t值大于-1.65且小于1.65的比例为91.5%，大于1.65的比例为4.2%，小于-1.65的比例为4.3%，依然可以认为会计师事务所政治关联（*PC*2）的系数显著为正和显著为负的比例较低。

根据模型（4-1）进行的安慰剂检验结果表明，随机分配给会计师事务所的政治关联并不会对审计费用产生影响，我们构建的虚拟处理效应并不存在，根据模型（4-1）进行回归呈现的会计师事务所政治关联与审计费用的显著正相关关系，并不是完全由偶然因素或不可观测因素导致的，本章的研究结论在一定程度上是可靠的，即与无政治关联的会计师事务所相比，具有政治关联的会计师事务所收取的审计费用更高。

（三）其他稳健性检验

1. 替换被解释变量

本书用上市公司审计费用总额的自然对数重新衡量审计费用，代入模型（4-1）重新进行回归。回归结果显示，会计师事务所政治关联（*PC*1）与审计费用（*Fee*）的回归系数为0.048，在1%水平上显著；会计师事务所政治关联（*PC*2）与审计费用（*Fee*）的回归系数为0.041，在1%水平上显著。回归结果表明，重新衡量审计费用后，会计师事务所政治关联（*PC*1和*PC*2）的回归系数均显著为正，与主假设检验结果保持一致，表明本章的结论依然成立。

2. 替换解释变量

为了保证研究中对同一变量的衡量方法前后的一致性，与本书第三章稳健性检验中的做法相同，本章借鉴杜兴强和周泽将（2010）、胡旭阳（2006）的做法，结合本书的研究，重新设置会计师事务所政治关联变量*PC*3、变量*PC*4和变量*PC*5以检验研究结论的稳健性。其中，对于变量*PC*3的设置，既考虑了研究期间会计师事务所中当选代表和委员的注册会计师人数，又考虑了获得代表委员类政治身份的注册会计师的转所情况，*PC*3=ln（1+当年度会计师事务所当选省级及以上代表和委员的注册会计师人数）。对于变量*PC*4的设置，采用赋值法的同时又考虑了会计师事务所中注册会计师当选代表和委员的注册会计师人数，以及获得代表委员类政治身份的注册会计师的转所情况，对于省级代表和委员赋值为1，对于国家级代表和委员赋值为2，*PC*4=ln（1+当年度会计师事务所当选省级代表和委员的注册会计师人数×1+当年度会计师事务所当选国家级代表和委员的注册会计师人数×2）。对于变量*PC*5的设置，在变量*PC*4的基础上，又考虑了注册会计师获得政治身份的不同级别带来影响的非线性递增，*PC*5=ln（1+当年度会计师事务所当选省级代表和委员的注册会计师人数×1+当年度会计师事务所当选国家级代表和委员的注册会计师人数×2^2）。

将会计师事务所政治关联变量*PC*3、变量*PC*4和变量*PC*5代入模型（4-1）

重新进行回归。回归结果显示，会计师事务所政治关联（*PC*3）与审计费用（*Fee*）的回归系数为0.041，在1%水平上显著；会计师事务所政治关联（*PC*4）与审计费用（*Fee*）的回归系数为0.038，在1%水平上显著；会计师事务所政治关联（*PC*5）与审计费用（*Fee*）的回归系数为0.033，在1%水平上显著。回归结果表明，重新衡量会计师事务所政治关联后，会计师事务所政治关联与审计费用仍显著正相关，并没有因为会计师事务所政治关联衡量方法的改变而发生变化，有力地支持了假设2。

3. 改变研究样本范围

对于研究样本范围的改变，本章与本书第三章中的稳健性检验做法保持一致。考虑到我国对企业在不同板块上市的要求条件不同，相对于创业板和中小板，在主板上市的公司发展更成熟，使用会计师事务所及其审计的主板A股上市公司客户的数据对假设2进行稳健性验证。回归结果显示，会计师事务所政治关联（*PC*1）与审计费用（*Fee*）的回归系数为0.028，在5%水平上显著；会计师事务所政治关联（*PC*2）与审计费用（*Fee*）的回归系数为0.022，在10%水平上显著。回归结果表明，会计师事务所政治关联对审计费用具有显著的正向影响，研究样本范围的改变并没有对本章的结论产生实质性的影响，再次证明了本章研究结论的稳健性。

4. 加入新的控制变量

本章通过在模型（4–1）中加入新的可能影响审计费用的因素作为控制变量，以降低因遗漏变量而带来的内生性问题，进一步验证本章研究结论的稳健性。新加入的控制变量为：流动比率（*LIQ*）、上市公司客户年龄（*Age*）、独立董事比例（*INDE*）和会计师事务所处罚（*Punish*）。流动比率（*LIQ*）的取值为上市公司的流动资产除以流动负债。上市公司客户年龄（*Age*）的取值为ln（处理年度–上市年度+1）。独立董事比例（*INDE*）的取值为上市公司独立董事人数占董事会人数的比例。如果当年度会计师事务所受到处罚，会计师事务所处罚（*Punish*）取值为1，否则为0。

在模型（4–1）中加入新的控制变量后进行回归，回归结果显示，会计师事务所政治关联（*PC*1）与审计费用（*Fee*）的回归系数为0.060，在1%水平上显著；会计师事务所政治关联（*PC*2）与审计费用（*Fee*）的回归系数为0.054，在1%水平上显著。回归结果表明，加入新的控制变量后，会计师事务所政治关联与审计费用之间仍然呈显著的正相关关系，即会计师事务所政治关联对审计费用具有显著的正向影响，与本章上述回归结果一致。

5. 公司层面的聚类回归

本章对模型（4-1）进行了公司层面的聚类回归，以进一步检验回归结果的稳健性。回归结果显示，会计师事务所政治关联（*PC*1）与审计费用（*Fee*）的回归系数为0.062，在1%水平上显著；会计师事务所政治关联（*PC*2）与审计费用（*Fee*）的回归系数为0.056，在1%水平上显著。回归结果表明，对模型（4-1）在公司层面进行聚类回归后，会计师事务所政治关联与审计费用之间呈现的显著正相关关系依然存在，回归结果未发生实质性的变化。

由以上的稳健性测试结果可知，无论是采用双重差分（DID）回归分析进行内生性检验，还是采用安慰剂检验排除偶然因素对回归结果的影响，以及替换被解释变量和解释变量重新进行回归，抑或改变研究样本范围、加入新的控制变量、进行公司层面的聚类回归，回归结果均未发生实质性变化，说明本章的研究结论在一定程度上经得起检验，具有较高的可靠性。

四、进一步分析

（一）会计师事务所政治关联影响审计费用的作用机理分析

上述回归结果已经验证了会计师事务所政治关联与审计费用之间存在显著的正相关关系。那么，是否正如本章假设的理论分析与假设推导，具有政治关联的会计师事务所会因市场份额提升、加大审计投入或者进行寻租活动而导致审计费用提高呢？会计师事务所建立政治关联后，如果因为加大审计投入提高了审计费用，将会对审计质量产生积极影响；如果依靠与政府的密切关系进行寻租活动以增加审计收费，将会对审计质量产生消极影响。因此，对于会计师事务所建立政治关联后，是否存在因为加大审计投入或者进行寻租活动进而提高审计费用的作用路径，本书将通过第五章的会计师事务所政治关联与审计质量的实证分析进行验证。

对于会计师事务所建立政治关联后，是否存在通过提升市场份额提高审计费用的作用路径，本书将借鉴温忠麟和叶宝娟（2014）提出的中介效应检验方法进行验证。根据温忠麟和叶宝娟（2014）的中介效应检验方法，本书构建了多元回归模型（OLS），即模型（4–3）和模型（4–4），与模型（4–1）一起验证市场份额这一作用路径。

$$\begin{aligned} Fee = {} & \chi_0 + \chi_1 PC + \chi_2 Size + \chi_3 Big4 + \chi_4 LEV + \chi_5 SOE + \chi_6 Lloss + \\ & \chi_7 ROA + \chi_8 LMAO + \chi_9 Growth + \chi_{10} INVREC + \chi_{11} TOP1 + \\ & \chi_{12} CEO + \chi_{13} GDP + \chi_{14} Two + Year + IND + \varepsilon \end{aligned} \tag{4–3}$$

$$\begin{aligned} Fee = {} & \delta_0 + \delta_1 PC + \delta_2 MS + \delta_3 Size + \delta_4 Big4 + \delta_5 LEV + \delta_6 SOE + \delta_7 Lloss + \\ & \delta_8 ROA + \delta_9 LMAO + \delta_{10} Growth + \delta_{11} INVREC + \delta_{12} TOP1 + \delta_{13} CEO + \\ & \delta_{14} GDP + \delta_{15} Two + Year + IND + \varepsilon \end{aligned} \tag{4–4}$$

在模型（4–3）和模型（4–4）中，变量MS表示会计师事务所的市场份额。与第三章相同，本章以会计师事务所审计的上市公司客户的总资产为依据衡量市场份额，计算公式为当年度某会计师事务所审计的上市公司客户的总资产除以当年度所有会计师事务所审计的上市公司总资产。其他变量的设置和定义与模型（4–1）相同。

参照温忠麟和叶宝娟（2014）的思路，根据模型（4–1）、模型（4–3）和模型（4–4）的回归结果，依次按照以下五个步骤检验市场份额的中介效应是否存在。第一步，如果模型（4–1）的系数α_1显著，按照中介效应进行后续检验，否则按照遮掩效应继续检验。第二步，如果模型（4–3）的系数χ_1和模型（4–4）的系数δ_2均显著，间接效应显著，直接进入第四步，否则进入第三步。第三步，如果运用Bootstrap方法检验χ_1和δ_2的乘积（$\chi_1 \times \delta_2$）显著为0，说明间接效应显著，接着进入第四步，否则终止检验，表明间接效应未通过检验。

第四步，如果模型（4-4）的系数δ_1不显著，说明只有中介效应，否则说明直接效应显著，接着进入第五步。第五步，如果$\chi_1 \times \delta_2$和δ_1的符号相同，部分中介效应成立，否则遮掩效应成立。

表4-5报告了模型（4-1）、模型（4-3）和模型（4-4）的回归结果。下面我们根据温忠麟和叶宝娟（2014）的五步法，依次判断市场份额的中介效应是否存在。第一步，本书对模型（4-1）的回归结果已经证明本章的假设成立，即会计师事务所政治关联对审计费用具有显著的正向影响，结果如表4-5中的列（1）和列（4）所示，应按中介效应进行后续检验，直接进入第二步。第二步，由列（2）和列（5）可知，会计师事务所政治关联（*PC*1、*PC*2）与市场份额（*MS*）的回归系数均为0.045，在1%水平上显著为正，这表明会计师事务所政治关联有助于提升市场份额，与第三章中的实证结果一致。第三步，由列（3）和列（6）可知，市场份额（*MS*）与审计费用（*Fee*）的回归系数均在1%水平上显著为正，表明市场份额确实能够降低会计师事务所的经济依赖性，提高议价能力，进而提高审计费用。因此，间接效应显著，直接进入第四步。第四步，由列（3）和列（6）可知，会计师事务所政治关联（*PC*1）与审计费用（*Fee*）的回归系数在5%水平上显著为正，会计师事务所政治关联（*PC*2）与审计费用（*Fee*）的回归系数在10%水平上显著为正，说明会计师事务所政治关联能够提高审计费用，意味着直接效应显著，进入第五步。第五步，系数χ_1、δ_1和δ_2的符号均为正，系数χ_1和δ_2的乘积（$\chi_1 \times \delta_2$）与系数δ_1同号，表明市场份额在会计师事务所影响审计费用的过程中发挥了部分中介效应。会计师事务所政治关联通过提升市场份额提高审计费用的作用路径得到了验证。

表4-5　市场份额的中介效应检验结果

变量	（1）	（2）	（3）	（4）	（5）	（6）
	模型（4-1）	模型（4-3）	模型（4-4）	模型（4-1）	模型（4-3）	模型（4-4）
	Fee	*MS*	*Fee*	*Fee*	*MS*	*Fee*
*PC*1	0.062*** （6.809）	0.045*** （92.827）	0.024** （2.426）			

续表

变量	(1)	(2)	(3)	(4)	(5)	(6)
	模型(4-1)	模型(4-3)	模型(4-4)	模型(4-1)	模型(4-3)	模型(4-4)
	Fee	*MS*	*Fee*	*Fee*	*MS*	*Fee*
MS			0.843*** (8.290)			0.884*** (8.679)
*PC*2				0.056*** (6.158)	0.045*** (90.017)	0.017* (1.650)
Size	0.358*** (80.864)	0.002*** (4.673)	0.356*** (80.839)	0.358*** (80.755)	0.002*** (4.849)	0.356*** (80.745)
*Big*4	0.544*** (25.073)	0.047*** (55.172)	0.504*** (22.665)	0.531*** (24.221)	0.037*** (33.766)	0.498*** (22.328)
LEV	0.024 (0.942)	-0.003 (-1.387)	0.026 (1.048)	0.023 (0.913)	-0.004* (-1.766)	0.026 (1.054)
SOE	-0.148*** (-16.260)	0.001 (0.827)	-0.149*** (-16.394)	-0.148*** (-16.225)	0.001 (0.961)	-0.149*** (-16.381)
Lloss	0.071*** (5.005)	0.002 (1.544)	0.070*** (4.913)	0.072*** (5.024)	0.002* (1.727)	0.070*** (4.916)
ROA	-0.282*** (-3.683)	0.009 (1.259)	-0.289*** (-3.788)	-0.278*** (-3.636)	0.010 (1.388)	-0.287*** (-3.757)
LMAO	0.164*** (6.170)	0.003 (1.605)	0.161*** (6.092)	0.164*** (6.178)	0.003* (1.768)	0.161*** (6.086)
Growth	-0.003 (-0.909)	0.000 (0.750)	-0.003 (-0.965)	-0.003 (-0.928)	0.000 (0.611)	-0.003 (-0.977)
INVREC	0.094*** (3.525)	-0.001 (-0.310)	0.095*** (3.554)	0.094*** (3.495)	-0.001 (-0.278)	0.094*** (3.525)
*Top*1	-0.001*** (-2.649)	0.000*** (3.879)	-0.001*** (-2.941)	-0.001*** (-2.605)	0.000*** (4.060)	-0.001*** (-2.927)
CEO	0.018 (0.650)	0.003 (0.902)	0.016 (0.574)	0.019 (0.663)	0.003 (0.928)	0.016 (0.580)
GDP	0.037*** (6.755)	-0.001*** (-2.659)	0.038*** (6.951)	0.037*** (6.791)	-0.001** (-2.377)	0.038*** (6.976)
Two	0.010 (1.135)	0.002*** (3.064)	0.008 (0.905)	0.010 (1.099)	0.002*** (2.674)	0.008 (0.887)

续表

变量	(1)	(2)	(3)	(4)	(5)	(6)
	模型(4-1)	模型(4-3)	模型(4-4)	模型(4-1)	模型(4-3)	模型(4-4)
	Fee	*MS*	*Fee*	*Fee*	*MS*	*Fee*
_cons	4.598*** (25.428)	0.010 (0.585)	4.590*** (25.350)	4.596*** (25.390)	0.005 (0.271)	4.592*** (25.347)
Year 和 *IND*	控制					
N	11978	11978	11978	11978	11978	11978
调整 R^2	0.589	0.283	0.591	0.588	0.278	0.591
F	398.247	565.711	390.330	393.134	409.303	387.232

注：括号中数值为t值，模型采用稳健性回归。

(二) 异质性检验

1. 会计师事务所政治关联、地区法律环境与审计费用

宏观因素是审计失败的一个主要成因。法律环境越好，会计师事务所面临的诉讼风险越高，越会增加会计师事务所承担损失的概率（Seetharaman et al., 2002; Simunic, 1980）。会计师事务所为了降低或规避诉讼风险，可能会增加审计努力减少重大错报风险。由于审计努力也不能完全消除诉讼风险，会计师事务所可能会收取风险溢价以弥补未来可能发生的损失。然而，无论是增加审计努力还是收取风险溢价，或者两者兼而有之，均会导致审计费用增加，即较高的诉讼风险与较高的审计费用相关。以往的研究也表明，地区法律环境越好，审计收费越高（郑莉莉、郑建明，2017；王良成、陈汉文，2010）。那么，地区法律环境会对会计师事务所政治关联与审计费用之间的关系产生什么影响呢？

本书根据法律环境（*Law*）将全样本分为法律环境较好地区和法律环境较差地区两组，根据模型（4-1）进行分样本回归；同时，本书通过在模型（4-1）的基础上加入法律环境（*Law*）和法律环境（*Law*）与会计师事务所政治关联的交互项（*PC*×*Law*）构建模型（4-5）进行全样本回归，用于检验地区法律对会计师事务所政治关联与审计费用之间关系的影响。

$$Fee=v_0+v_1PC+v_2PC\times Law+v_3Law+v_4Size+v_5Big4+v_6LEV+ \\ v_7SOE+v_8ROE+v_9Lloss+v_{10}LMAO+v_{11}Growth+v_{12}INVREC+ \\ v_{13}TOP1+v_{14}CEO+v_{15}GDP+v_{16}Two+Year+IND+\varepsilon \quad (4-5)$$

在模型（4–5）中，变量*Law*表示地区法律环境。与本书第三章一样，本章仍然根据王小鲁等（2019）编制的“市场中介组织的发育和法律制度环境”指数的中位数，对地区法律环境水平的高低进行区分，并设置虚拟变量*Law*，地区法律环境较好时，*Law*取值为1，否则为0。变量$PC\times Law$包括变量$PC1\times Law$和变量$PC2\times Law$。交互项（$PC1\times Law$和$PC2\times Law$）的系数是我们重点关注的对象，如果系数v_2显著为正，表明地区法律环境强化了会计师事务所政治关联与审计费用之间的正相关关系。

表4–6报告了地区法律环境对会计师事务所政治关联与审计费用之间关系的调节效应检验结果，其中列（1）和列（2）、列（4）和列（5）列示的是根据模型（4–1）进行的分组回归结果，列（3）和列（6）列示的是根据模型（4–5）进行的全样本回归结果。

由表4–6中的列（1）可知，在法律环境较好地区，会计师事务所政治关联（*PC*1）与审计费用（*Fee*）的回归系数为0.115，在1%水平上显著为正，说明具有政治关联的会计师事务所在法律环境较好地区收取了较高的审计费用；由列（2）可知，在法律环境较差地区，会计师事务所政治关联（*PC*1）与审计费用（*Fee*）的回归系数为–0.011，但是不显著，说明在法律环境较差地区，会计师事务所政治关联对审计费用不存在显著影响。进一步对两组中的会计师事务所政治关联（*PC*1）的回归系数进行组间差异检验，结果显示P值为0，表明与在法律环境较差地区相比，具有政治关联的会计师事务所在法律环境较好地区对上市公司客户收取了更高的审计费用。

由表4–6中的列（4）可知，在法律环境较好地区，会计师事务所政治关联（*PC*2）与审计费用（*Fee*）的回归系数为0.111，在1%水平上显著为正，说明具有政治关联的会计师事务所在法律环境较好地区收取了较高的审计费用；由列（5）可知，在法律环境较差地区，会计师事务所政治关联（*PC*2）

与审计费用（*Fee*）的回归系数为-0.019，但是不显著，说明在法律环境较差地区，会计师事务所政治关联对审计费用不存在显著影响。进一步对两组中的会计师事务所政治关联（*PC*2）的回归系数进行组间差异检验，结果显示P值为0，表明与在法律环境较差地区相比，具有政治关联的会计师事务所在法律环境较好地区对上市公司客户收取了更高的审计费用。

由表4-6中的列（3）和列（6）可知，在全样本回归中，交互项（$PC1 \times Law$）的回归系数为0.130，在1%水平上显著为正；交互项（$PC2 \times Law$）的回归系数为0.125，在1%水平上显著为正。表明与在法律环境较差地区相比，具有政治关联的会计师事务所在法律环境较好地区收取了较高的审计费用，与分样本回归的检验结果一致。

因此，表4-6的结果表明，地区法律环境对会计师事务所政治关联与审计费用之间的关系具有显著的调节效应，即与在法律环境较差地区相比，会计师事务所政治关联在法律环境较好地区显著提高了审计费用。

表4-6　地区法律环境的调节效应检验结果2

变量	（1）	（2）	（3）	（4）	（5）	（6）
	法律环境较好地区	法律环境较差地区	全样本	法律环境较好地区	法律环境较差地区	全样本
	Fee	*Fee*	*Fee*	*Fee*	*Fee*	*Fee*
*PC*1	0.115*** （9.418）	-0.011 （-0.919）	-0.017 （-1.348）			
*PC*2				0.111*** （8.805）	-0.019 （-1.568）	-0.020 （-1.633）
$PC1 \times Law$			0.130*** （7.038）			
$PC2 \times Law$						0.125*** （6.765）
Law			0.063*** （3.751）			0.066*** （3.918）
Size	0.373*** （68.618）	0.337*** （58.864）	0.355*** （81.429）	0.373*** （68.601）	0.337*** （58.861）	0.356*** （81.237）

续表

变量	(1)	(2)	(3)	(4)	(5)	(6)
	法律环境较好地区	法律环境较差地区	全样本	法律环境较好地区	法律环境较差地区	全样本
	Fee	*Fee*	*Fee*	*Fee*	*Fee*	*Fee*
*Big*4	0.447*** (20.773)	0.634*** (21.755)	0.524*** (24.286)	0.422*** (19.520)	0.638*** (21.824)	0.511*** (23.471)
LEV	0.083** (2.447)	0.056 (1.583)	0.058** (2.318)	0.081** (2.382)	0.056 (1.605)	0.057** (2.292)
SOE	−0.129*** (−10.165)	−0.145*** (−11.588)	−0.139*** (−15.440)	−0.129*** (−10.118)	−0.144*** (−11.536)	−0.139*** (−15.440)
Lloss	0.091*** (4.591)	0.063*** (3.593)	0.074*** (5.240)	0.091*** (4.576)	0.063*** (3.581)	0.074*** (5.237)
ROA	−0.354*** (−3.510)	−0.289*** (−2.613)	−0.317*** (−4.199)	−0.348*** (−3.446)	−0.286*** (−2.589)	−0.312*** (−4.128)
LMAO	0.210*** (6.028)	0.137*** (4.556)	0.158*** (6.041)	0.211*** (6.062)	0.137*** (4.530)	0.158*** (6.058)
Growth	−0.003 (−0.840)	−0.001 (−0.386)	−0.002 (−0.659)	−0.003 (−0.895)	−0.001 (−0.386)	−0.002 (−0.688)
INVREC	0.058 (1.644)	0.076** (1.973)	0.080*** (3.015)	0.058 (1.642)	0.075* (1.938)	0.079*** (2.988)
*Top*1	−0.001*** (−2.894)	−0.001** (−1.970)	−0.001*** (−3.601)	−0.001*** (−2.884)	−0.001** (−1.969)	−0.001*** (−3.624)
CEO	−0.008 (−0.218)	0.013 (0.236)	−0.006 (−0.224)	−0.008 (−0.210)	0.014 (0.257)	−0.006 (−0.206)
GDP	−0.051*** (−5.009)	−0.008 (−1.006)	−0.021*** (−3.376)	−0.050*** (−4.933)	−0.009 (−1.116)	−0.021*** (−3.321)
Two	0.004 (0.331)	0.010 (0.713)	0.007 (0.835)	0.003 (0.281)	0.010 (0.744)	0.007 (0.806)
_cons	6.773*** (20.685)	6.333*** (24.824)	6.301*** (31.600)	6.748*** (20.594)	6.364*** (24.914)	6.292*** (31.539)
Year 和 *IND*	控制					
N	6201	5777	11978	6201	5777	11978
调整 R^2	0.636	0.566	0.603	0.635	0.566	0.602
F	293.930	209.934	398.841	293.108	210.037	392.005

注：括号中数值为t值，列（3）和列（6）为稳健性回归结果。

2. 会计师事务所政治关联、客户重要性与审计费用

审计收费是会计师事务所和被审计客户双方博弈的结果。客户重要性对审计费用的影响具有不确定性。一方面，对于会计师事务所而言，客户越重要，议价能力越强，越能够压低审计费用（Casterella et al.，2004）。同时，客户越重要，会计师事务所对其经济依赖性越大，在竞争比较激烈的审计市场，会计师事务所很可能通过将降低的审计成本让渡给大客户，降低审计费用以提高自身竞争力，保留客户并获得准租金。另一方面，规模较大的客户，基于对高审计质量的需求，会增强支付审计费用溢价的意愿（吴应宇等，2008）。同时，客户的规模越大，越容易引起监管部门的关注，在诉讼风险较大的环境下，一旦发生审计失败情况，将会给会计师事务所带来巨大的负面影响；会计师事务所为了提高审计质量，降低审计失败风险，可能增加审计成本投入，同时收取风险溢价以弥补未来可能发生的损失，进而导致审计费用增加。那么，客户重要性究竟对会计师事务所政治关联与审计费用之间的关系产生什么影响呢?

本书在模型（4-1）的基础上加入客户重要性（*IMP*）、会计师事务所政治关联与客户重要性的交互项（*PC×IMP*）构建多元回归模型（OLS），即模型（4-6）进行回归，以考察客户重要性对会计师事务所政治关联与审计费用之间关系的影响。

$$\begin{aligned}Fee=&\tau_0+\tau_1PC+\tau_2PC\times IMP+\tau_3IMP+\tau_4Size+\tau_5Big4+\tau_6LEV+\\&\tau_7SOE+\tau_8Lloss+\tau_9ROA+\tau_{10}LMAO+\tau_{11}Growth+\tau_{12}INVREC+\\&\tau_{13}TOP1+\tau_{14}CEO+\tau_{15}GDP+\tau_{16}Two+Year+IND+\varepsilon\end{aligned}\quad(4-6)$$

在模型（4-6）中，*IMP*表示客户重要性，借鉴以往文献（李明辉、刘笑霞，2013），本书以“某一客户的营业收入的自然对数/会计师事务所当年度所有客户的营业收入的自然对数之和”衡量客户重要性，变量*PC×IMP*包括变量*PC*1 × *IMP*和变量*PC*2 × *IMP*，交互项（*PC*1 × *IMP*和*PC*2 × *IMP*）的系数是我们重点关注的对象。

表4-7报告了客户重要性、会计师事务所政治关联与审计费用的回归

结果。由表4-7中的列（1）可知，会计师事务所政治关联（*PC*1）与客户重要性（*IMP*）的交互项（*PC*1 × *IMP*）的系数为-0.059，但不显著；由列（2）可知，会计师事务所政治关联（*PC*2）与客户重要性（*IMP*）的交互项（*PC*2 × *IMP*）的系数为-0.106，也不显著。由表4-7的回归结果可知，交互项（*PC*1 × *IMP*和*PC*2 × *IMP*）的系数虽然为负，但是并不显著，表明客户重要性对会计师事务所政治关联与审计费用之间的正相关关系没有产生显著影响。

表4-7　客户重要性的调节效应检验结果1

变量	（1）	（2）
	Fee	*Fee*
*PC*1	0.011 （0.973）	
*PC*2		-0.001 （-0.064）
*PC*1 × *IMP*	-0.059 （-0.122）	
*PC*2 × *IMP*		-0.106 （-0.222）
IMP	-2.401*** （-5.989）	-2.503*** （-6.359）
Size	0.358*** （81.269）	0.358*** （81.224）
*Big*4	0.570*** （25.662）	0.572*** （25.543）
LEV	0.030 （1.183）	0.030 （1.215）
SOE	-0.148*** （-16.277）	-0.148*** （-16.242）
Lloss	0.070*** （4.914）	0.070*** （4.910）
ROA	-0.277*** （-3.637）	-0.273*** （-3.586）

续表

变量	(1)	(2)
	Fee	Fee
LMAO	0.163*** (6.091)	0.163*** (6.077)
Growth	–0.002 (–0.767)	–0.002 (–0.770)
INVREC	0.091*** (3.407)	0.090*** (3.356)
*Top*1	–0.001*** (–3.055)	–0.001*** (–3.040)
CEO	0.014 (0.499)	0.014 (0.508)
GDP	0.037*** (6.796)	0.037*** (6.807)
Two	0.007 (0.785)	0.007 (0.777)
_cons	4.632*** (25.689)	4.640*** (25.726)
Year 和 *IND*	控制	
N	11978	11978
调整 R^2	0.593	0.593
F	379.381	377.505

注：括号中数值为t值，模型采用稳健性回归。

（三）会计师事务所政治关联级别对审计费用的影响

学者们研究发现，无论是企业还是作为社会中介服务机构的会计师事务所，其建立政治关联的政治背景不相同，带来的影响也不完全相同。对于企业，有学者研究发现，高管的地方政府任职经历对企业价值带来的正向影响显著大于高管的中央政府任职经历对企业价值的影响（吴文锋等，2008）；建立的代表委员类政治关联级别越高，企业被诉讼的概率就越低（王兵等，2019）。对于会计师事务所，有学者研究发现，相较于非本地官员视察会计师事务所，本地官员视察会计师事务所能够对审计费用带来更大的正向影响

（张雯等，2017）；考虑制度环境后，与证券资格会计师事务所通过注册会计师当选省级人大代表和政协委员建立的政治关联相比，证券资格会计师事务所通过注册会计师当选全国人大代表和政协委员建立的政治关联对会计师事务所经营业绩的正向影响更大（李江涛等，2015），会计师事务所更可能被具有相同政府背景的国有企业聘任（龚启辉等，2012）。在中国的政治制度背景下，国家级代表和委员属于“稀缺资源”，其参政议政带来的影响范围更加广泛，影响力也更大，因此，我们预期与省级政治关联相比，会计师事务所国家级政治关联对审计费用的正向影响更大。

对于会计师事务所政治关联的不同级别对审计费用的影响是否存在显著差异，我们延续本书第三章中的做法，借鉴李江涛等（2015）的思路对其进行检验，设置变量*PC_P*和变量*PC_D*分别表示会计师事务所省级政治关联和会计师事务所国家级政治关联。会计师事务所政治关联级别变量的具体定义为：*PC_P*=（当年度会计师事务所中当选省级代表和委员的注册会计师人数/当年度会计师事务所拥有的注册会计师总人数）×100，*PC_D*=（当年度会计师事务所中当选全国代表和委员的注册会计师人数/当年度会计师事务所拥有的注册会计师总人数）×100。将变量*PC_P*和*PC_D*代入模型（4–1）进行回归，限于篇幅，回归结果本书不再列示，留存备索。

回归结果显示，会计师事务所国家级政治关联（*PC_D*）与审计费用（*Fee*）的回归系数为0.210，在1%水平上显著为正；会计师事务所省级政治关联（*PC_P*）与审计费用（*Fee*）的回归系数为0.083，在1%水平上显著为正。回归结果表明，与无政治关联的会计师事务所相比，无论是会计师事务所国家级政治关联还是会计师事务所省级政治关联均对审计费用具有显著正向影响，再次验证了本章的假设。

回归结果中，会计师事务所国家级政治关联（*PC_D*）的回归系数大于会计师事务所省级政治关联（*PC_P*）的回归系数。为了考察不同级别的会计师事务所政治关联对审计费用的影响是否存在显著差异，本书进一步对变量*PC_D*和变量*PC_P*与审计费用（*Fee*）的回归系数进行了差异检验。检验结果表明，变量PC_D和变量PC_P的回归系数存在显著差异，这意味着与会计师事务所省级政治关联相比，会计师事务所国家级政治关联对审计费用的正向影响更大，与本书的预期相符，即具有国家级政治关联的会计师事务所比具有省级政治关联的会计师事务所收取的审计费用更高。

（四）会计师事务所政治关联从有到无对审计费用的影响

本章上述的实证结果表明，会计师事务所建立政治关联后有助于提高审计费用，那么，对于会计师事务所而言，政治关联从有到无会对审计费用产生什么影响呢？对此，本章重新设置实验组和对照组，利用模型（4-2）检验会计师事务所政治关联从有到无对审计费用的影响。

与本书第三章的做法一样，本章用变量*Treat*1、变量*Treat*2和变量*Treat*3表示实验组，并将在2008年建立政治关联而在2013年未建立政治关联的会计师事务所（会计师事务所政治关联从有到无）设为实验组，变量*Treat*1、变量*Treat*2和变量*Treat*3均取值为1。对于对照组的设置，分为以下三种情况：第一种情况是将在2013年建立政治关联以及在2008年和2013年均未建立政治关联的会计师事务所作为对照组，变量*Treat*1取值为0；第二种情况是将在2013年建立政治关联的会计师事务所设为对照组，变量*Treat*2取值为0；第三种情况是将在2008年和2013年均未建立政治关联的会计师事务所设为对照组，*Treat*3取值为0。其他变量的设置与模型（4-2）相同。本书重点关注交互项$Treat1 \times Post$、$Treat2 \times Post$和$Treat3 \times Post$的系数。将变量*Treat*1、变量*Treat*2和变量*Treat*3及其与时间虚拟变量*Post*的交互项代入模型（4-2）进行回归，限于篇幅，本书对回归结果不再列示，留存备索。

回归结果显示，交互项（$Treat1 \times Post$）与审计费用（*Fee*）的回归系数为0.020，但不显著，说明将在2013年建立政治关联以及在2008年和2013年均未建立政治关联的会计师事务所设为对照组时，在2008年建立政治关联而在2013年未建立政治关联的会计师事务所收取的审计费用没有明显变化。交互项（$Treat2 \times Post$）与审计费用（*Fee*）的回归系数为0.017，但不显著，说明将在2013年建立政治关联的会计师事务所设为对照组时，在2008年建立政治关联而在2013年未建立政治关联的会计师事务所收取的审计费用没有明显变化。交互项（*Treat*3 × *Post*）与审计费用（*Fee*）的回归系数为0.054，在5%水平上显著为正，说明将在2008年和2013年均未建立政治关联的会计师事务所作为对照组时，在2008年建立政治关联而在2013年未建立政治关联的会计师事务所收取了较高的审计费用。

回归结果表明，在2013年丧失政治关联的会计师事务所和在2013年建立政治关联的会计师事务所对审计费用的影响不存在显著差异；与在2008年和2013年均未建立政治关联的会计师事务所相比，在2013年丧失政治关联的会计师事务所收取了较高的审计费用。说明会计师事务所丧失政治关联后，在短期内政治关联对审计费用的影响并没有随之消失。

第五节　本章小结

审计费用是会计师事务所与被审计客户双方博弈的结果，是两者联系的“经济纽带”，一直都是人们关注的焦点。本章以中国证券资格会计师事务所及其审计的所有A股上市公司客户为研究对象，基于注册会计师获得的代表委员类政治身份视角，考察了会计师事务所政治关联对审计费用的影响。

实证研究发现，会计师事务所政治关联与审计费用显著正相关，即相较于无政治关联的会计师事务所，具有政治关联的会计师事务所审计收费更高。在采用双重差分法控制内生性问题、进行安慰剂检验、替换被解释变量和解释变量、改变研究样本范围、进行公司层面的聚类回归后，上述结果依然稳健。

作用机理分析发现，会计师事务所政治关联能够通过提升市场份额提高审计费用。异质性检验发现，地区法律环境对会计师事务所政治关联与审计费用之间的关系具有显著的调节效应，即相较于法律环境较差地区，具有政治关联的会计师事务所在法律环境较好地区收取了较高的审计费用；客户重要性对会计师事务所政治关联与审计费用之间的关系没有显著影响。

进一步研究发现，不同级别的会计师事务所政治关联对审计费用具有不同的影响。具体来讲，与无政治关联的会计师事务所相比，无论是会计师事务所拥有的省级政治关联还是会计师事务所拥有的国家级政治关联，均对审计费用具有显著的正向影响，再次验证了会计师事务所政治关联对审计费用的正向影响。而且，与会计师事务所拥有的省级政治关联相比，会计师事务所拥有的国家级政治关联对审计费用的正向影响更大。会计师事务所丧失政治关联后，在短期内政治关联对审计费用的正向影响仍然存在。

第五章　会计师事务所政治关联的社会效益——审计质量

第一节　引言

政治关联是经济社会一种常见的现象。提及政治关联，很多人可能会将其与负面消息联系起来，然而，政治关联并不必然对经济秩序造成破坏。以往研究发现，代表委员类政治关联作为中国政治经济体制下特有的一种现象，其本身就是一种声誉机制，能够帮助企业树立良好形象，增强企业的自律动机，更好地满足企业的审计需求，并最终提升财务报告质量，促进公司治理水平提高（潘克勤，2010）。也有学者认为代表委员类政治关联具有保护效应，能够降低企业被诉讼的概率（王兵等，2019）。以往研究文献围绕企业政治关联经济后果做了大量研究，成果丰富，但以会计师事务所政治关联，特别是会计师事务所代表委员类政治关联为研究对象的文献还相对较少。会计师事务所作为具有双重属性的中介服务机构，具有“经济警察”的称号，声誉是其安身立命之本，会计师事务所不仅要取得良好的经济效益，更要讲求良好的社会效益。本书的第三章和第四章已经验证了会计师事务所政治关联能够显著提高市场份额和审计费用，有助于会计师事务所取得良好经济效益。那么，代表委员类政治关联会给会计师事务所社会效益带来什么样的影响呢？树高叶茂，系于根深。会计师事务所讲求的社会效益，主要体现在审计质量方面。审计质量是审计工作的生命线，对于保证会计信息质量、保护投资者的利益等具有非常重要的作用。那么，会计师事务所代表委员类政治关联会如何影响审计质量呢？是否具有审计治理效应呢？

现有文献对会计师事务所政治关联的研究主要集中在会计师事务所的合伙人拥有发审委委员身份、官员视察会计师事务所等形成的政治关联所带来的影响上。以往有关审计质量影响因素的研究主要从审计服务供给方特征、审计服务需求方特征、审计服务供给方与审计服务需求方的关系以及外部环境特征等四个方面展开，鲜有文献从会计师事务所代表委员类政治关联视角对审计市场进行研究。目前，仅有的少数关于会计师事务所代表委员类政治关联的研究文献中，李江涛等（2015）主要考察了会计师事务所代表委员类政治关联对会计师事务所经营业绩的影响以及制度环境对二者之间关系的调节效应；王瑜等（2019）主要考察了会计师事务所代表委员类政治关联与审计费用、会计信息质量、盈余反应系数以及被审计客户违规概率之间的关系，以验证审计师政治身份是发挥了声誉昭示作用还是成为了寻租的工具。

与已有文献不同，本书以注册会计师获得代表和委员的政治身份为切入点，不仅考察了会计师事务所政治关联对审计质量的影响及其作用机理，还探究了影响会计师事务所政治关联发挥作用的因素，以及会计事务所政治关联的不同级别和会计师事务所政治关联从有到无对审计质量的影响。本章实证结果也验证了具有政治关联的会计师事务所是否会为了提高市场份额和审计费用而进行寻租活动。本章主要考察了以下五个问题：①会计师事务所政治关联影响审计质量吗？②会计师事务所政治关联影响审计质量的作用路径是什么？③地区法律环境和客户重要性会影响会计师事务所政治关联与审计质量之间的关系吗？④不同级别的政治关联对审计质量的影响有显著差异吗？⑤会计师事务所政治关联从有到无会对审计质量产生什么影响？

本章可能的贡献在于：①将会计师事务所代表委员类政治关联与审计质量结合起来，拓展了会计师事务所政治关联与审计质量的相关研究。②研究发现，会计师事务所政治关联能够有效抑制企业的盈余管理行为，提高审计质量，其中审计投入、会计师事务所行业专长和客户选择在会计师事务所政治关联影响审计质量的过程中发挥了部分中介效应，有助于我们更好地了解会计师事务所政治关联发挥作用的机理。③不仅验证了会计师事务所政治关联对审计质量具有显著的正向影响，有助于会计师事务所取得良好的社会效益，同时还验证了具有政治关联的会计师事务所通过进行寻租活动提高会计师事务所市场份额和审计费用的作用路径不存在。此外还探究了影响会计师事务所政治关联发挥审计治理效应的影响因素，以及会计师事务所政治关联从有到无对审计质量的影响。④不仅检验了会计师事务所政治关联的审计治理效应，还探究了会计师事务所政治关联发挥审计治理效应的作用机制及其影响因素，研究结论对于会计师事务所、投资者、政府及监管部门等具有一定的参考价值。

第二节　理论分析与研究假设

从理论上讲，会计师事务所通过注册会计师当选代表和委员建立政治关联后，会对审计质量产生两个方面的影响：它既有可能基于珍惜和维护代表委员类政治关联带来的制度声誉而提高审计质量，也有可能基于与政府建立的密切关系进行寻租活动而对审计质量产生负向影响。

第一，会计师事务所政治关联对审计质量具有正向影响。会计师事务所政治关联有利于会计师事务所树立良好声誉。我国的注册会计师无法脱离会计师事务所单独从事审计工作，注册会计师的个人声誉是事务所声誉的组成部分（程琳等，2014），尤其是作为管理层的注册会计师，其个人声誉和会计师事务所声誉具有更加明显的捆绑效应。当选代表和委员的注册会计师在会计师事务所中拥有高职位，属于会计师事务所的管理者，他们代表委员类政治身份的获得既是对其个人的认可，同时也是对其所在会计师事务所的肯定，为会计师事务所带来公信力更高、作用发挥更稳定的制度信誉（李江涛等，

2015），能够向外界传递会计师事务所具有良好声誉的信号。作为社会中介服务机构，声誉是会计师事务所的一项重要无形资产，是会计师事务所的核心竞争力。只有声誉良好的会计师事务所，才能够保持和提高经营业绩，在竞争激烈的审计市场中站稳脚跟。中注协于2016年11月印发的《会计师事务所品牌建设指南》和2016年12月的中央经济工作会议都强调了品牌建设的重要性。

然而，声誉的形成是一个漫长的过程，毁坏却极其容易，国外安达信会计师事务所的倒塌和国内中天勤会计师事务所的破产就是具体实例。会计师事务所建立代表委员类政治关联后，在提高自身声誉的同时，也会受到更多来自社会和政府的关注，承受更多的监管压力，一旦发生审计失败，将会严重损害声誉，损害会计师事务所吸引和留住客户的能力，丧失更多的经济准租。审计质量是审计工作的灵魂和生命线，会计师事务所只有提供高审计质量才能保护和提升其声誉，实现可持续发展。同时，对于拥有代表委员类政治身份的注册会计师而言，政治身份的获得为他们追求高层次需求提供了良好的渠道，他们会更加重视和珍惜所获得的政治身份，具有较强的动机提供高质量审计服务。作为会计师事务所的管理层，他们的这种执业态度和行为会对其所在的事务所产生影响。因此，在目前我国监管趋严的环境下，基于降低审计失败概率、维护声誉和保持竞争优势的考虑，具有政治关联的会计师事务所可能会通过以下途径提高审计质量：

一是具有政治关联的会计师事务所通过增加审计投入提高审计质量。以往研究表明，审计投入与审计质量之间存在显著的正相关关系（Xiao et al., 2020；李伟等，2018）。因此，具有政治关联的会计师事务所可能会通过投入更多的审计资源，扩大审计范围，实施更多的审计程序，收集更多的审计证据以提高审计质量。

二是具有政治关联的会计师事务所通过提高会计师事务所行业专长提高审计质量。会计师事务所行业专长是会计师事务所专业胜任能力的重要组成部分和集中体现，在独立性既定的条件下，会计师事务所行业专长对于保证审计质量具有非常重要的意义（夏立军，2004）。国内外大量的审计失败案件表明，审计项目的负责人和复核审计师拥有的所在行业知识和审计经验不足是诱发审计失败的重要原因（王咏梅、邓舒文，2012）。在中国的政治经济制度背景下，代表委员类政治身份特别是省级和国家级代表委员类政治身份属于稀缺资源，会计师事务所通过注册会计师当选代表和委员建立政治关联后，不仅能够获得制度声誉，还能够获取更多的社会资源。第三章和第四章的实证结果已表明，会计师事务所政治关联有助于提高会计师事务所市场份额和审计费用，实现良好的经济效益。市场份额的扩大为会计师事务所积累行业经验、提高行业专长提供了良好的环境。良好的经济效益可以为会计师事务所加强员工培训，吸引、聘请和留住有经验、高素质的审计师，提高本所行业专长提供良好的经济基础。因此，具有政治关联的会计师事务所不仅有强烈的动机并且有能力提高会计师事务所行业专长，进而对审计质量产生正向影响。

三是具有政治关联的会计师事务所通过选择低风险客户进而提高审计质量。客户承接是会计师事务所控制审计风险、保障审计质量的第一关。以往研究表明，审计失败与经营失败之间存在一定的逻辑关系，审计失败与否不仅取决于审计师的谨慎执业，还在一定程度上取决于客户的风险，审计师面临的诉讼风险增大时，会计师事务所特别是大型会计师事务所倾向于选择低风险客户（Choi et al.，2004；廖义刚等，2009），以降低审计失败的概率。从2002年开始，我国的证券审计法律制度逐步完善，审计师面临的诉讼风险也日益增大。注册会计师及其所在的会计师事务所（如立信、瑞华、大华等）受到相关处罚的事件接连不断地发生。因此，在当前我国审计师诉讼风险日益增大的环境中，基于规避审计风险、维护自身声誉的考虑，具有政治关联的会计师事务所可能更加青睐低风险客户。低风险客户的经营风险较小，财务状况良好，财务报表存在重大错报的可能性较低，有助于审计师将审计风险控制在合理范围内，降低审计风险发生的概率，提高审计质量。

第二，会计师事务所政治关联对审计质量具有负向影响。虽然会计师事务所是我国会计监督体系的重要组成部分，属于准公共服务的社会组织，但其首先是一个自主经营、自负盈亏的独立企业，需要获取一定的经济利益才能维持自身的生存和发展。目前，我国的会计师事务所数量众多，审计市场竞争激烈，会计师事务所面临着巨大的生存和发展压力。以往研究表明，企业政治关联不但具有资源效应，同时还具有保护效应，能够降低企业涉诉风险（王兵等，2019），减少企业因诉讼带来的负面效应（Firth et al.，2011）。会计师事务所通过注册会计师当选代表和委员建立政治关联后，能够密切与政府的关系，可能获得政府的支持和保护，从而避免或减轻因违规、违法行为而遭受的处罚，降低会计师事务所面临的声誉风险和经济损失。因此，在经济利益的驱动下，基于寻租动机，相较于无政治关联的会计师事务所，具有政治关联的会计师事务所可能存在一些对审计质量具有负面影响的行为。一是具有政治关联的会计师事务所为了获取更多的市场份额，对于高风险客户的承接可能更加激进。高风险客户的经营风险较大，财务状况较差，财务报表存在重大错报的可能性较高，不利于会计师事务所对审计风险的控制，提高了审计风险发生的概率，对审计质量产生不利影响。二是具有政治关联的会计师事务所在对风险和收益进行权衡时，可能会降低自身的独立性，迎合客户的需求，变通审计意见或者与被审计客户进行合谋，进而收取较高的审计费用，以获取更多的经济利益，导致审计质量降低。

综上所述，具有政治关联的会计师事务所基于维护声誉、降低审计失败概率的考虑，可能会通过增加审计投入、提高会计师事务所行业专长、选择低风险客户提高审计质量，也有可能为了获取更多的经济利益，基于寻租动机，承接更多的高风险客户、降低自身的独立性，进而导致审计质量受损。基于此，本章提出以下两个竞争性假设：

假设3：与无政治关联的会计师事务所相比，具有政治关联的会计师事务所审计质量更高。

假设4：与无政治关联的会计师事务所相比，具有政治关联的会计师事务所审计质量更低。

第三节　研究设计

一、样本选择和数据来源

根据本书第二章对于会计师事务所政治关联的外部环境分析我们可知，相较于2013年之前，2013年之后，审计师的执业环境发生了较大变化，增加了审计师的法律责任和法律风险，增强了审计师的风险意识。动机驱使行为，会计师事务所执业环境的变化会在很大程度上影响会计师事务所的政治关联使用动机，进而影响会计师事务所的审计服务质量。此外，在国家政策的推动下，2013年之前发生了较多证券资格会计师事务所合并重组事件。《意见》的发布使得注册会计师当选代表和委员的人次从2013年开始大幅度增加。本书主要是从会计师事务所层面考察注册会计师获得代表委员类政治身份带来的影响，因此，为了尽量避免反腐新政、"两年两单"、会计师事务所转制，以及会计师事务所合并等事件对本书研究可能产生的噪声干扰，得到更加干净的研究样本，增强研究结论的可靠性，本书将2013—2017年作为样本的主要研究期间。需要说明的是，在稳健性检验中的双重差分回归分析、进一步分析中的会计师事务所政治关联从有到无对会计师事务所审计质量的影响两个部分，将用到2008—2017年的样本数据。

本章以我国证券资格会计师事务所及其审计的上市公司客户数据为初始研究样本，借鉴以往研究，剔除属于金融保险行业的客户、ST类客户，以及数据缺失的客户样本，得到8900个观测值。为了避免异常值对回归结果的影响，本章对连续变量进行了上下1%的缩尾处理，同时采用稳健标准误来检验变量系数的显著性。本章的会计师事务所政治关联数据主要是通过在中注协网站、地方注协网站、会计师事务所网站、百度搜索引擎以及财会信报等搜集注册会计师当选代表和委员的信息，然后经加工整理形成。地区法律环境数据根据王小鲁等（2019）整理而得，其他数据均来自国泰安（CSMAR）数据库。

二、模型构建和变量定义

为了验证本章的假设，构建多元回归模型（OLS），即模型（5–1）。

$$DA=\alpha_0+\alpha_1PC+\alpha_2Size+\alpha_3LEV+\alpha_4LIQ+\alpha_5Big4+\alpha_6ROA+\alpha_7Growth+\alpha_8BM+\alpha_9CFO+\alpha_{10}CEO+\alpha_{11}Top10+\alpha_{12}Two+\alpha_{13}SEP+\alpha_{14}Age+Year+IND+\varepsilon \quad (5\text{–}1)$$

模型（5–1）中，*DA*为被解释变量，表示可操纵性应计利润，用以衡量审计质量。黄梅和夏新平（2009）认为，在盈余管理的检验能力方面，分行业分年度回归的修正Jones模型表现更佳。本书借鉴董沛武等（2018）的研究，采用修正的Jones模型（Dechow et al.，1995）计算的应计盈余管理为衡量审计质量的替代变量。对于审计师而言，公司向上的盈余管理更可能对其声誉造成损害（Francis and Wang，2008），并且在应计盈余管理的计算上，带符号的可操纵性应计利润优于不带符号的可操纵性应计利润（Hribar and Nichols，2007），因此本书借鉴已有文献（王兵等，2011；杨世信等，2018），使用带符号的可操纵性应计利润而不是绝对值衡量应计盈余管理。*DA*的值越大，表明企业的盈余管理程度越高，审计质量越低。

解释变量*PC*表示会计师事务所政治关联系列变量，包括变量*PC*1和变量*PC*2。与本书第三章和第四章中会计师事务所政治关联的衡量方式保持一致，借鉴以往研究文献（况学文等，2017；李江涛等，2015；潘克勤，2010；全进等，2018），本章将研究期间会计师事务所是否存在注册会计师当选省级及以上代表和委员作为依据，主要采用虚拟变量法衡量会计师事务所政治关联。本章对会计师事务所政治关联的衡量依然分为两种情况：一种是不考虑研究期间事务所中当选代表和委员的注册会计师转所情况，将在2013年存在注册会计师当选省级及以上代表和委员的会计师事务所定义为具有政治关联的会计师事务所，用变量*PC*1表示；另一种是考虑研究期间事务所中当选代表和委员的注册会计师转所情况，将当年度存在注册会计师当选省级及以上代表和委员的会计师事务所定义为具有政治关联的会计师事务所，用变量*PC*2表示。此外，为了保证研究结论的可靠性，延续本书第三章和第四章的做法，本章设置了会计师事务所政治关联连续变量用于后续的稳健性检验。

为了确保研究结论的稳健性，借鉴以往研究文献，结合本书研究，控制了以下因素：企业规模（*Size*），规模较大的企业面临的压力可能也较大，拥有的较多资产增大了其进行盈余管理的空间，更可能会操纵盈余（Ghosh and Moon，2005）；资产负债率（*LEV*），资产负债率越高，说明公司的外部融资约束越大，为了避免违反债务契约，很可能会进行盈余管理（Ghosh and Moon，2005）；流动比率（*LIQ*），偿债能力的变化可能会影响公司管理层的盈余管理行为；国际“四大”会计师事务所（*Big*4），通常情况下国际“四大”会计师事务所提供的审计服务质量更高；总资产收益率（*ROA*），总资产收益率可以用来衡量公司的经营业绩，经营状况良好的公司会进行盈余管理以降低“政治成本”（Watts and Zimmerman，1978），总资产收益率较高的公司盈余管理程度也较高（王晓珂等，2016）；销售收入增长率（*Growth*），销售收入增长率可以用来衡量公司的成长性，高成长性公司的管理层具有较高机会主义行为的可能性较大（Skinner，1993），公司盈余管理的程度较高（石军，2011）；账面市值比（*BM*），账面市值比与股票收益之间的关系可能会影响公司操纵利润的动机；现金流量（*CFO*），*CFO*的值越大，公司出现财务危机的可能性就越小，进行盈余操纵的动机就越弱；管理层持股比例（*CEO*），现有研究表明，作为减轻代理问题的一种激励方式，管理层持股会降低盈余质量（Qiang Cheng，2005）；前十大股东持股比例（*Top*10），前十大股东持股比例越高，股权制衡度越高（王建文等，2015），对正向盈余管理的抑制作用越大（黄雷等，2012）；两职合一（*Two*），董事长与总经理由同一人担任时，会降低公司的内部监督作用，为总经理营造有利于进行盈余管理的环境（高雷、张杰，2009）；两权分离率（*SEP*），两权分离程度越高，公司进行盈余管理的程度越高（徐宗宇等，2012）；上市公司客户年龄（*Age*），一般而言，上市年限较长的公司存在信息不对称的程度较低，经营稳定，可能具有较高的盈余质量（Ghosh and Moon，2005）。同时，本书还控制了年份（*Year*）和行业

（*IND*）。详细变量定义参见表5-1。

表5-1　变量定义3

变量类型	变量名称	变量符号	变量定义
被解释变量	审计质量	*DA*	修正的Jones模型分年份、分行业计算的可操纵性应计利润
解释变量	会计师事务所政治关联	*PC*1	会计师事务所政治关联虚拟变量。2013年会计师事务所有注册会计师当选省级及以上代表和委员时，*PC*1取值为1，否则为0
		*PC*2	会计师事务所政治关联虚拟变量。当年度会计师事务所有注册会计师当选省级及以上代表和委员时，*PC*2取值为1，否则为0
控制变量	公司规模	*Size*	上市公司总资产的自然对数
	资产负债率	*LEV*	总负债/总资产
	流动比率	*LIQ*	流动资产/流动负债
	国际"四大"会计师事务所	*Big*4	会计师事务所为国际"四大"时*Big*4=1，否则为0
	总资产收益率	*ROA*	净利润/总资产
	销售收入增长率	*Growth*	（本年本期营业收入金额-上年同期营业收入金额）/上年同期营业收入金额
	账面市值比	*BM*	上市公司的账面价值/上市公司的市场价值
	现金流量	*CFO*	上市公司上期净现金流量/年初总资产
	管理层持股比例	*CEO*	管理层持股数/上市公司期末总股数
	前十大股东持股比例	*Top*10	前十大股东持股总数占公司总股数的比例
	两职合一	*Two*	上市公司总经理和董事长由同一人担任时*Two*=1，否则为0
	两权分离率	*SEP*	实际控制人拥有上市公司控制权与所有权之差
	上市公司客户年龄	*Age*	ln（处理年度-上市年度+1）
	行业	*IND*	控制行业因素
	年份	*Year*	控制年度因素

第四节　实证结果和分析

一、描述性统计

表5-2为本章主要变量的描述性统计结果。由表5-2可知，可操纵性应计利润（*DA*）的均值为0.008，最小值为-0.283，最大值为0.382，说明不同上市公司的盈余管理程度相差较大。会计师事务所政治关联变量*PC*1和变量*PC*2的均值分别为0.780和0.789，表明样本中绝大多数的上市公司聘任的会计师事务所为具有政治关联的会计师事务所，所占比例较高。资产负债率（*LEV*）的均值为0.414，最小值为0.047，最大值为0.934，说明上市公司的偿债能力存在较大差异。流动比率（*LIQ*）均值为2.536，最小值为0.264，最大值为18.493，说明上市公司的资产流动性相差较大。国际“四大”会计师事务所（*Big*4）的均值为0.038，表明样本中3.8%的上市公司聘请了国际“四大”会计师事务所。两职分离（*Two*）的均值为0.289，表明样本中28.9%的上市公司存在董事长与总经理兼任情况。

表5-2　描述性统计3

变量	样本量	最小值	平均值	中位数	最大值	标准差
DA	8900	-0.283	0.008	0.004	0.382	0.089
*PC*1	8900	0.000	0.780	1.000	1.000	0.414
*PC*2	8900	0.000	0.789	1.000	1.000	0.408
Size	8900	19.452	22.062	21.911	25.638	1.187
LEV	8900	0.047	0.414	0.403	0.934	0.207
LIQ	8900	0.264	2.536	1.723	18.493	2.632
*Big*4	8900	0.000	0.038	0.000	1.000	0.191
ROA	8900	-0.158	0.043	0.038	0.225	0.053
Growth	8900	-0.685	0.490	0.170	10.174	1.326
BM	8900	0.088	0.773	0.513	4.581	0.798
CFO	8900	0.010	0.179	0.133	0.773	0.145

续表

变量	样本量	最小值	平均值	中位数	最大值	标准差
CEO	8900	0.000	0.079	0.003	0.602	0.144
*Top*10	8900	21.970	57.342	57.970	88.920	14.401
Two	8900	0.000	0.289	0.000	1.000	0.453
SEP	8900	0.000	4.741	0.000	28.798	7.541
Age	8900	0.000	2.129	2.079	3.135	0.722

表5-3列示了根据会计师事务所是否建立政治关联进行分组后，变量的组间均值和中位数比较分析结果。由表5-3的Panel A可知，在会计师事务所无政治关联组（*PC*1=0），可操纵性应计利润（*DA*）均值为0.012；在会计师事务所有政治关联组（*PC*1=1），可操纵性应计利润（*DA*）均值为0.007。由Panel B可知，在会计师事务所无政治关联组（*PC*2=0），可操纵性应计利润（*DA*）均值为0.013；在会计师事务所有政治关联组（*PC*2=1），可操纵性应计利润（*DA*）均值为0.007。Panel A和Panel B中的结果均显示会计师事务所有政治关联组的可操纵性应计利润的均值显著低于会计师事务所无政治关联组。表5-3的Panel A和Panel B的结果均显示会计师事务所有政治关联组的可操纵性应计利润的中位数均低于会计师事务所无政治关联组，但差异并不具有显著性。会计师事务所政治关联（*PC*1、*PC*2）的组间均值和中位数差异检验结果在一定程度上表明，会计师事务所政治关联有助于减少企业的盈余操纵行为，提高审计质量，初步验证了假设3。

在控制变量方面的，Panel A显示，会计师事务所有政治关联组的总资产收益率、管理层持股比例的均值和中位数均显著高于会计师事务所无政治关联组，会计师事务所有政治关联组的国际“四大”会计师事务所的均值和中位数均显著低于会计师事务所无政治关联组；Panel B显示，会计师事务所有政治关联组的公司规模、国际“四大”会计师事务所、总资产收益率、管理层持股比例、前十大股东持股比例的均值和中位数均显著高于会计师事务所无政治关联组，会计师事务所有政治关联组的流动比率的均值和中位数均显著低于会计师事务所无政治关联组。

表5-3 组间均值和中位数差异检验2

变量	*PC*1=0			*PC*1=1			MeanDiff（均值）	Chi2（中位数）
Panel A								
	样本量	均值	中位数	样本量	均值	中位数		
DA	1954	0.012	0.007	6946	0.007	0.004	0.005**	1.388
Size	1954	22.063	21.875	6946	22.061	21.925	0.001	3.213*
LEV	1954	0.413	0.406	6946	0.414	0.402	−0.001	0.262
LIQ	1954	2.617	1.741	6946	2.514	1.715	0.103	0.514
*Big*4	1954	0.049	0.000	6946	0.035	0.000	0.014***	8.721***
ROA	1954	0.039	0.034	6946	0.044	0.039	−0.005***	11.774***
Growth	1954	0.511	0.182	6946	0.484	0.167	0.027	2.521
BM	1954	0.779	0.522	6946	0.772	0.511	0.007	0.671
CFO	1954	0.175	0.131	6946	0.180	0.134	−0.006	1.511
CEO	1954	0.072	0.002	6946	0.082	0.003	−0.010***	9.443***
*Top*10	1954	56.788	57.565	6946	57.498	58.110	−0.710*	1.361
Two	1954	0.280	0.000	6946	0.291	0.000	−0.011	0.820
SEP	1954	4.854	0.000	6946	4.709	0.000	0.146	6.572**
Age	1954	2.177	2.197	6946	2.116	2.079	0.062***	1.994
Panel B								
变量	*PC*2=0			*PC*2=1			MeanDiff（均值）	Chi2（中位数）
	样本量	均值	中位数	样本量	均值	中位数		
DA	1878	0.013	0.007	7022	0.007	0.003	0.006***	1.968
Size	1878	21.991	21.844	7022	22.081	21.939	−0.089***	10.715***
LEV	1878	0.408	0.399	7022	0.416	0.404	−0.008	0.607
LIQ	1878	2.638	1.770	7022	2.509	1.708	0.129*	3.307*
*Big*4	1878	0.009	0.000	7022	0.046	0.000	−0.037***	56.264***
ROA	1878	0.038	0.034	7022	0.044	0.039	−0.006***	10.715***
Growth	1878	0.515	0.185	7022	0.484	0.166	0.031	3.121*
BM	1878	0.759	0.512	7022	0.777	0.513	−0.019	0.011
CFO	1878	0.176	0.132	7022	0.180	0.134	−0.004	0.691

续表

Panel B								
变量	*PC*2=0			*PC*2=1			MeanDiff	Chi2
	样本量	均值	中位数	样本量	均值	中位数	（均值）	（中位数）
CEO	1878	0.074	0.002	7022	0.081	0.003	–0.007**	4.762**
*Top*10	1878	56.346	57.170	7022	57.609	58.240	–1.263***	4.491**
Two	1878	0.281	0.000	7022	0.291	0.000	–0.010	0.748
SEP	1878	4.677	0.000	7022	4.758	0.000	–0.080	11.432***
Age	1878	2.166	2.079	7022	2.119	2.079	0.046**	0.213

本章对变量之间的相关性系数进行了检验，限于篇幅，结果在本书中不再列示，留存备索。检验结果显示，在Spearman相关性系数检验中，会计师事务所政治关联（*PC*1、*PC*2）与可操纵性应计利润（*DA*）的相关系数均在5%水平上显著为负；在Pearson相关性系数检验中，会计师事务所政治关联（*PC*1）与可操纵性应计利润（*DA*）的相关系数在5%水平上显著为负，会计师事务所政治关联（*PC*2）与可操纵性应计利润（*DA*）的相关系数在1%水平上显著为负。整体来看，相关系数检验结果表明，会计师事务所政治关联有助于抑制企业的盈余操纵行为，提高审计质量，再次验证了假设3。

在控制变量方面，无论是Spearman相关性系数检验，还是Pearson相关性系数检验，公司规模（*Size*）、流动比率（*LIQ*）、总资产收益率（*ROA*）、销售收入增长率（*Growth*）、管理层持股比例（*CEO*）、前十大股东持股比例（*Top*10）与可操纵性应计利润（*DA*）均呈显著正相关关系，表明公司的规模越大，流动比率越大，盈利能力越强，销售收入增长率越高，管理层持股比例和前十大股东持股比例越高，公司的盈余管理程度越高。国际“四大”会计师事务所（*Big*4）、上市公司年龄（*Age*）与可操纵性应计利润（*DA*）均呈显著负相关关系，表明经国际“四大”会计师事务所审计的公司和上市年限较长的公司，盈余管理程度较低。在Spearman相关性系数检验中，资产负债率（*LEV*）与可操纵性应计利润（*DA*）呈显著负相关关系，表明上市公司资产负债率越高，公司的盈余管理程度越高；现金流量（*CFO*）与可操纵性应计利润（*DA*）呈显著正相关关系，表明上市公司的现金流量值越大，公司的盈余管理程度越高。

相关系数检验只是对单变量之间的关系进行简单分析，更严谨和更有说服力的证据还有待进一步的多元回归分析来提供。此外，本书还计算了本章自变量的方差膨胀因子（VIF），最大值为2.64，均值为1.60，表明模型不存在严重的多重共线性问题。

二、回归结果分析

表5-4列示了模型（5-1）即会计师事务所政治关联与审计质量之间的回归结果。由表5-4中的列（1）和列（2）可知，在加入控制变量前，可操纵性应计利润（*DA*）作为衡量审计质量的替代变量，与会计师事务所政治关联（*PC*1和*PC*2）均呈显著负相关关系；由列（3）和列（4）可知，在加入控制变量后，会计师事务所政治关联变量*PC*1和变量*PC*2与可操纵性应计利润（*DA*）之间的回归系数分别为-0.008和-0.009，均在1%水平上显著。表5-4的回归结果表明，与无政治关联的会计师事务所相比，具有政治关联的会计师事务所能够有效地抑制上市公司的利润操纵行为，提高审计质量，支持了假设3。

在控制变量方面，公司规模（*Size*）、资产负债率（*LEV*）、流动比率（*LIQ*）、总资产收益率（*ROA*）和销售收入增长率（*Growth*）与可操纵性应计利润（*DA*）之间的回归系数显著为正，说明规模大、资产负债率高、流动比率高、总资产收益率高和销售收入增长率高的公司，具有较高水平的可操纵性应计利润和较低的审计质量；国际“四大”会计师事务所（*Big*4）、账面市值比（*BM*）、现金流量（*CFO*）和上市公司年限（*Age*）与可操纵性应计利润（*DA*）之间的回归系数显著为负，说明经国际“四大”会计师事务所审计、账面市值比高、现金流量充足和上市年限较长的公司，具有较低的可操纵性应计利润和较高的审计质量。

表5-4　会计师事务所政治关联与审计质量的回归结果

变量	(1)	(2)	(3)	(4)
	DA	DA	DA	DA
*PC*1	−0.005** (−2.303)		−0.008*** (−3.884)	
*PC*2		−0.006*** (−2.673)		−0.009*** (−4.019)
Size			0.012*** (8.548)	0.012*** (8.549)
LEV			0.027*** (3.160)	0.027*** (3.195)
LIQ			0.002*** (3.832)	0.002*** (3.862)
*Big*4			−0.033*** (−7.455)	−0.031*** (−6.991)
ROA			0.519*** (20.883)	0.519*** (20.884)
Growth			0.004*** (3.198)	0.004*** (3.203)
BM			−0.004** (−2.239)	−0.004** (−2.257)
CFO			−0.033*** (−3.352)	−0.033*** (−3.343)
CEO			0.011 (1.404)	0.011 (1.393)
*Top*10			−0.000 (−1.352)	−0.000 (−1.344)
Two			−0.001 (−0.473)	−0.001 (−0.452)
SEP			−0.000 (−0.503)	−0.000 (−0.512)
Age			−0.007*** (−3.664)	−0.008*** (−3.678)
_cons	0.019** (2.272)	0.020** (2.348)	−0.245*** (−8.486)	−0.245*** (−8.483)

续表

变量	(1)	(2)	(3)	(4)
	DA	*DA*	*DA*	*DA*
Year 和 *IND*	控制			
N	8900	8900	8900	8900
调整 R^2	0.012	0.012	0.125	0.125
F	4.219	4.286	26.885	26.898

注：括号中数值为t值，模型采用稳健性回归。

三、稳健性检验

为了验证上述结论的有效性，本章进行了一系列的稳健性检验，限于篇幅，检验结果在本书中不再列出，留存备索。

（一）内生性检验

党代表、人大代表和政协委员的一届任期为5年，一般当选后在任期内拥有的代表委员类身份不会被取消。从动态视角看，会计师事务所审计质量与注册会计师代表委员类身份的获取之间可能相互影响；从静态视角看，注册会计师一旦取得代表委员类身份，通常在任期内不会受到审计质量的影响。在本书研究中，注册会计师在2013年当选代表和委员后，任期是5年，即在研究期间会计师事务所通过注册会计师获得代表委员类政治身份建立政治关联后，一般情况下会计师事务所政治关联不会因为审计质量的变化而发生变化。因此，我们可以排除反向因果关系对本章结论的影响。

注册会计师当选代表和委员不仅受到会计师事务所规模等可观测变量的影响，还可能受到注册会计师个人特征等一些不可观测变量的影响。虽然本章已经控制了一些因素对可操纵性应计利润的影响，但仍可能存在因遗漏变量导致的内生性问题。基于此，本章利用党代表、人大代表和政协委员的换届选举事件形成的外部冲击，构建双重差分模型（DID），即模型（5-2）用以检验会计师事务所政治关联对审计质量的影响。

$$DA=\beta_0+\beta_1Treat+\beta_2Treat\times Post+\beta_3Post+\beta_4Size+\beta_5LEV+\beta_6LIQ+\beta_7Big4+\beta_8ROA+\beta_9Growth+\beta_{10}BM+\beta_{11}CFO+\beta_{12}CEO+\beta_{13}Top10+\beta_{14}Two+\beta_{15}SEP+\beta_{16}Age+Year+IND+\varepsilon \quad (5\text{-}2)$$

模型（5-2）中，变量*Treat*表示实验组，变量*Post*表示时间虚拟变量。2012年是新一届政协委员和人大代表的选举年份，2013年是新一届任期的开始年份。因此，本章将2008—2012年设为基期，虚拟变量*Post*取值为0；将2013—2017年设为实验期，*Post*取值为1；将2013年建立政治关联的会计师事务所设为实验组，虚拟变量*Treat*取值为1；将2013年未建立政治关联的会计师事务所设为对照组，*Treat*取值为0。其他变量与模型（5-1）相同。在模型（5-2）中，我们重点关注交互项（*Treat×Post*）的系数β_2，并且预期β_2显著为负。

模型（5-2）的回归结果显示，交互项（*Treat×Post*）与可操纵性应计利润（*DA*）的回归系数为-0.006，在10%水平上显著为负，说明会计师事务所政治关联确实能够有效抑制企业的盈余管理行为，提高审计质量。回归结果表明，考虑内生性问题后，会计师事务所政治关联对审计质量仍然具有显著的正向影响，回归结果与前文一致，再次验证了假设3。

（二）安慰剂检验（Placebo Test）

延续本书第三章和第四章的做法，借鉴张莉等（2018）的思路进行安慰剂检验，具体的做法是：我们将会计师事务所政治关联随机分配给会计师事务所，再将新生成的样本数据分别采用模型（5-1）进行回归，并将安慰剂检验重复1000次，以增强检验的可靠性。如果安慰剂检验的结果与上述的结果一致，即会计师事务所政治关联（*PC*1、*PC*2）与可操纵性应计利润（*DA*）的回归系数显著为负，说明本章的结论并不能为会计师事务所政治关联有效降低上市公司盈余管理水平和提高审计质量提供令人信服的经验证据。如果安慰剂检验结果显示会计师事务所政治关联（*PC*1、*PC*2）与可操纵性应计利润（*DA*）的回归系数不显著，则为本章研究结论的可靠性提供了进一步的证据支撑。

安慰剂检验结果显示，将会计师事务所政治关联（*PC*1）随机分配给会计师事务所后，会计师事务所政治关联（*PC*1）的回归系数对应的t值分布显著集中于±1.96之间。其中，t值大于等于-1.96且小于等于1.96的比例为96.1%，大于1.96的比例为1.8%，小于-1.96的比例为2.1%，回归系数显著为正和显著为负的比例较低。本书以±1.65为临界值，计算得出会计师事务所政治关联（*PC*1）的回归系数对应的t值大于等于-1.65且小于等于1.65的比例为91.7%，大于1.65的比例为4.3%，小于-1.65的比例为4.0%，依然可以认为会计师事务所政治关联（*PC*1）的系数显著为正和显著为负的比例较低。

本书将会计师事务所政治关联（*PC*2）随机分配给会计师事务所后，会计师事务所政治关联（*PC*2）的回归系数对应的t值分布显著集中于±1.96之间。其中，t值大于等于-1.96且小于等于1.96的比例为95.5%，大于1.96的比例为2.6%，小于-1.96的比例为1.9%，回归系数显著为正和显著为负的比例较低。本书以±1.65为临界值，计算得出会计师事务所政治关联（*PC*2）的回归系数对应的t值大于等于-1.65且小于等于1.65的比例为90.5%，大于1.65的比例为5.5%，小于-1.65的比例为4.0%，依然可以认为会计师事务所政治关联（*PC*2）的系数显著为正和显著为负的比例较低。

因此，根据模型（5-1）进行的安慰剂检验结果表明，随机分配给会计师事务所的政治关联并不会对可操纵性应计利润产生影响，我们假设的虚拟处理效应并不存在。根据模型（5-1）进行回归呈现的会计师事务所政治关联与可操纵性应计利润的负相关关系并不是完全由偶然因素或不可观测因素导致的，本章的研究结论在一定程度上是可靠的，即与无政治关联的会计师事务所相比，具有政治关联的会计师事务所能够有效抑制企业的利润操纵行为，提高审计服务质量。

（三）其他稳健性检验

1. 替换被解释变量

本书分别用会计违规和基本Jones模型计算的可操纵性应计利润作为审计质量的替代变量，代入模型（5-1）重新进行回归，以增强研究结果的说服力。借鉴以往研究文献（杜兴强、侯菲，2019），本书的会计违规包括变量*WG*1和变量*WG*2。变量*WG*1为虚拟变量，如果公司当年度因存在虚假记录、虚构利润和虚列资产的行为而被处罚，*WG*1取值为1，否则为0。变量*WG*2是指公司当年度因存在虚假记录、虚构利润和虚列资产的行为被处罚的次数。本书用*DA_jb*表示根据基本Jones模型计算的可操纵性应计利润。

回归结果显示，会计师事务所政治关联（*PC*1）与会计违规（*WG*1）的回归系数为-0.216，在5%水平上显著，会计师事务所政治关联（*PC*2）与会计违规（*WG*1）的回归系数为-0.208，在10%水平上显著，说明具有政治关联的会计师事务所降低了上市公司审计客户发生会计违规的可能性；会计师事务所政治关联（*PC*1）与会计违规（*WG*2）的回归系数为-0.215，在5%水平上显著，会计师事务所政治关联（*PC*2）与会计违规（*WG*2）的回归系数为-0.206，在10%水平上显著，说明具有政治关联的会计师事务所降低了上市公司审计客户发生会计违规的次数；会计师事务所政治关联（*PC*1和*PC*2）与可操纵性应计利润（*DA_jb*）的回归系数分别为-0.008和-0.009，均在1%水平上显著，说明会计师事务所政治关联有效抑制了上市公司客户的盈余管理行为。回归结果表明，重新衡量审计质量后，会计师事务所政治关联对审计质量仍然具有显著的正向影响，与本章上述回归结果一致。

2. 替换解释变量

为了保证研究对同一变量的衡量方法前后具有一致性，与本书第三章和第四章中稳健性检验的做法相同，本章借鉴杜兴强和周泽将（2010）、胡旭阳（2006）的做法，结合本书的研究，重新设置会计师事务所政治关联变量*PC*3、变量*PC*4和变量*PC*5以检验研究结论的稳健性。其中，对于变量*PC*3的设置，既考虑了研究期间会计师事务所中当选代表和委员的注册会计师人数，又考虑了获得代表委员类政治身份的注册会计师的转所情况，*PC*3=ln（1+当年度会计师事务所当选省级及以上代表和委员的注册会计师人数）。对于变量*PC*4的设置，采用赋值法的同时又考虑了会计师事务所当选代表和委员的注册会计师人数，以及获得代表委员类政治身份的注册会计师的转所情况，对于省级代表和委员赋值为1，对于国家级代表和委员赋值为2，$PC4$=ln（1+当年度会计师事务所当选省级代表和委员的注册会计师人数×1+当年度会计师事务所当选国家级代表和委员的注册会计师人数×2）。对于变量$PC5$的设置，在变量$PC4$的基础上，又考虑了注册会计师获得政治身份的不同级别带来影响的非线性递增，$PC5$=ln（1+当年度会计师事务所当选省级代表和委员的注册会计师人数×1+当年度会计师事务所当选国家级代表和委员的注册会计师人数×2^2）。

将会计师事务所政治关联变量$PC3$、变量$PC4$和变量$PC5$分别代入模型（5-1）重新进行回归。回归结果显示，会计师事务所政治关联变量$PC3$、变量$PC4$和变量$PC5$与可操纵性应计利润（DA）的回归系数分别为-0.003、-0.004和-0.003，且均在1%水平上显著。回归结果表明，重新衡量会计师事务所政治关联后，会计师事务所政治关联与可操纵性应计利润之间仍然呈显著的负相关关系，即相较于无政治关联的会计师事务所，具有治关联的会计师事务所能够有效抑制企业的盈余管理行为，审计质量更高，有力地支持了假设3。

3. 改变样本研究范围

对于研究样本范围的改变，本章与本书第三章和第四章中的稳健性检验做法保持一致，考虑到我国对企业在不同板块上市的要求条件不同，相对于创业板和中小板，在主板上市的公司发展更成熟，使用主板A股上市公司的数据对假设3进行稳健性检验。回归结果显示，会计师事务所政治关联（$PC1$和$PC2$）与可操纵性应计利润（DA）的回归系数均为-0.009，在5%水平上显著。回归结果表明，改变样本研究范围后，会计师事务所政治关联与可操纵性应计利润之间依然呈显著的负相关关系，即会计师事务所政治关联对审计质量具有显著的正向影响，再次证明了本章研究结论的稳健性。

4. 公司层面的聚类回归

本章对模型（5-1）进行了公司层面的聚类回归。回归结果显示，会计师事务所政治关联（$PC1$）与可操纵性应计利润（DA）的回归系数为-0.008，在1%水平上显著；会计师事务所政治关联（*PC*2）与可操纵性应计利润（*DA*）的回归系数为-0.009，在1%水平上显著。回归结果表明，对模型（5-1）进行公司层面的聚类回归后，会计师事务所政治关联与可操纵性应计利润之间显著的负相关关系依然存在，回归结果与前述结论一致。

由以上的稳健性测试可知，无论是采用双重差分模型（DID）控制内生性问题，还是采用安慰剂检验排除偶然因素对回归结果的影响，以及替换被解释变量和解释变量重新进行回归，抑或是改变研究样本范围、进行公司层面的聚类回归，测试结果均未发生实质性变化，说明本章的研究结论在一定程度上经得起检验，具有较高的可靠性。

四、进一步分析

（一）会计师事务所政治关联影响审计质量的作用机理分析

本章的上述回归结果已经验证了会计师事务所政治关联与审计质量之间存在显著的正相关关系。那么，是否正如本章假设3的理论分析与假设推导，具有政治关联的会计师事务所会因增加审计投入、提高会计师事务所行业专业和青睐低风险客户而提高审计质量呢？本书将进一步验证其影响机理。借鉴温忠麟和叶宝娟（2014）提出的中介效应检验方法，对上述作用路径逐一进行验证。

1. 增加审计投入

根据温忠麟和叶宝娟（2014）的中介效应检验方法，本书构建了多元回归模型（OLS），即模型（5-3）和模型（5-4）与模型（5-1）一起检验审计投入这一作用路径。

$$
\begin{aligned}
ABAF= & \eta_0+\eta_1 PC+\eta_2 Size+\eta_3 LEV+\eta_4 LIQ+\eta_5 Big4+\eta_6 ROA+ \\
& \eta_7 Growth+\eta_8 BM+\eta_9 CFO+\eta_{10} CEO+\eta_{11} Top10+\eta_{12} Two+ \\
& \eta_{13} SEP+\eta_{14} Age+Year+IND+\varepsilon
\end{aligned}
\quad (5\text{-}3)
$$

$$DA=\kappa_0+\kappa_1PC+\kappa_2ABAF+\kappa_3Size+\kappa_4LEV+\kappa_5LIQ+\kappa_6Big4+\kappa_7ROA+\kappa_8Growth+\kappa_9BM+\kappa_{10}CFO+\kappa_{11}CEO+\kappa_{12}Top10+\kappa_{13}Two+\kappa_{14}SEP+\kappa_{15}Age+Year+IND+\varepsilon \quad (5\text{-}4)$$

在模型（5-3）和模型（5-4）中，变量*ABAF*表示审计投入。由于缺乏审计投入的数据，借鉴以往研究文献（Lobo and Zhao，2013；Zhao et al.，2017），本书用异常审计费用作为衡量审计投入的替代变量。对于异常审计费用的计算，本书首先利用第四章建立的审计费用模型（4-1）估计预期审计费用，然后用实际审计费用减去估计的预期审计费用，差值即为异常审计费用。其他变量与模型（5-1）相同。

本书第四章已经详细介绍了温忠麟和叶宝娟（2014）的中介效应检验五步法，这里不再赘述。表5-5报告了审计投入的中介效应检验结果。下面我们根据温忠麟和叶宝娟（2014）的五步法，依次判断审计投入的中介效应是否存在。第一步，模型（5-1）的回归结果已经证明假设3成立，即会计师事务所政治关联对审计质量具有显著的正向影响，结果如表5-5中的列（1）和列（4）所示，应按中介效应继续检验，直接进入第二步。第二步，由列（2）可知，会计师事务所政治关联（*PC*1）与审计投入的回归系数为0.050，在1%水平上显著；由列（5）可知，会计师事务所政治关联（*PC*2）与审计投入的回归系数为0.044，在1%水平上显著。列（2）和列（5）的结果均表明，会计师事务所政治关联有助于增加审计投入。第三步，由列（3）和列（6）可知，审计投入（*ABAF*）与可操纵性利润（*DA*）的回归系数均为-0.008，在1%水平上显著，表明审计投入确实能够有效降低上市公司的盈余管理程度，提高审计质量。因此，间接效应显著，直接进入第四步。第四步，由列（3）和列（6）可知，会计师事务所政治关联（*PC*1和*PC*2）与可操纵性应计利润（*DA*）的回归系数均显著为负，说明会计师事务所政治关联能够显著降低企业的盈余管理程度，提高审计质量，意味着直接效应显著，接着进入第五步。第五步，系数η_1的符号为正，κ_1和κ_2的符号均为负，系数η_1和κ_2的乘积（$\eta_1\times\kappa_2$）与系数κ_1同号，均为负，表明审计投入在会计师事务所政治关联对审计质量的影响过程中发挥了部分中介效应。具有政治关联的会计师事务所通过增加审计投入提高审计质量的作用路径得到了验证。

本书第四章的实证结果表明，会计师事务所政治关联对审计费用具有显著的正向影响。对于会计师事务所而言，高审计收费与审计质量之间的关系可能存在以下三种情况：第一种情况是会计师事务所投入更多的人力和时间、扩大审计范围、实施更多的审计程序、收集更多的审计证据等，会增加会计师事务所的审计成本，审计费用也会随之增加，此时客户存在的重大错报漏报被发现的可能性就更大，审计质量得到提高的可能性也就更大（Choi et al.，2009）；第二种情况是会计师事务所仅将面临的潜在风险转移给客户进而导致审计费用增加，此时审计费用的增加不会导致审计质量的提高（De Fond and Zhang，2014）；第三种情况是会计师事务所与审计客户进行合谋从而导致审计费用增加，此时审计师的独立性会降低，审计师执业时不会保持应有的谨慎性，收集的审计证据不足或审计判断不客观公正，这势必会损害审计质量（Blankley et al.，2014）。

结合高审计费用与审计质量之间的关系，本章上述回归结果表明：会计师事务所政治关联对审计费用的正向影响，并不是由于会计师事务所将政治关联作为寻租工具进行寻租活动而导致的，具有政治关联的会计师事务所通过进行寻租活动以提高会计师事务所审计费用的作用路径没有得到验证；具有政治关联的会计师事务所收取较高审计费用的目的之一是增加审计投入以提高审计质量，具有政治关联的会计师事务所通过增加审计投入提高审计费用的作用路径得到了间接验证。

表5-5　审计投入的中介效应检验结果

变量	（1）	（2）	（3）	（4）	（5）	（6）
	模型（5-1）	模型（5-3）	模型（5-4）	模型（5-1）	模型（5-3）	模型（5-4）
	DA	*ABAF*	*DA*	*DA*	*ABAF*	*DA*
*PC*1	-0.009^{***} （-3.948）	0.050^{***} （4.993）	-0.008^{***} （-3.751）			

续表

变量	(1)	(2)	(3)	(4)	(5)	(6)
	模型(5-1)	模型(5-3)	模型(5-4)	模型(5-1)	模型(5-3)	模型(5-4)
	DA	ABAF	DA	DA	ABAF	DA
PC2				-0.009*** (-4.012)	0.044*** (4.393)	-0.009*** (-3.842)
ABAF			-0.008*** (-3.319)			-0.008*** (-3.343)
Size	0.012*** (8.546)	0.023*** (3.856)	0.013*** (8.689)	0.012*** (8.542)	0.023*** (3.856)	0.013*** (8.687)
LEV	0.027*** (3.153)	-0.016 (-0.488)	0.027*** (3.133)	0.027*** (3.185)	-0.018 (-0.522)	0.027*** (3.164)
LIQ	0.002*** (3.821)	-0.012*** (-6.301)	0.002*** (3.581)	0.002*** (3.851)	-0.012*** (-6.353)	0.002*** (3.607)
Big4	-0.029*** (-6.495)	0.018 (0.650)	-0.029*** (-6.480)	-0.027*** (-6.032)	0.007 (0.238)	-0.027*** (-6.038)
ROA	0.520*** (20.860)	-0.296*** (-3.401)	0.517*** (20.758)	0.520*** (20.856)	-0.294*** (-3.372)	0.517*** (20.755)
Growth	0.004*** (3.129)	-0.001 (-0.288)	0.004*** (3.129)	0.004*** (3.135)	-0.001 (-0.305)	0.004*** (3.135)
BM	-0.004** (-2.241)	-0.053*** (-5.929)	-0.005** (-2.467)	-0.004** (-2.250)	-0.053*** (-5.912)	-0.005** (-2.478)
CFO	-0.033*** (-3.296)	0.126*** (3.863)	-0.032*** (-3.189)	-0.033*** (-3.294)	0.127*** (3.881)	-0.032*** (-3.187)
CEO	0.011 (1.312)	-0.083** (-2.568)	0.010 (1.227)	0.011 (1.300)	-0.082** (-2.542)	0.010 (1.216)
Top10	-0.000 (-1.279)	0.001*** (4.317)	-0.000 (-1.124)	-0.000 (-1.268)	0.001*** (4.295)	-0.000 (-1.113)
Two	-0.001 (-0.399)	0.001 (0.154)	-0.001 (-0.395)	-0.001 (-0.378)	0.001 (0.130)	-0.001 (-0.374)
SEP	-0.000 (-0.683)	-0.001*** (-2.702)	-0.000 (-0.784)	-0.000 (-0.699)	-0.001*** (-2.679)	-0.000 (-0.800)
Age	-0.008*** (-3.659)	-0.024*** (-3.246)	-0.008*** (-3.761)	-0.008*** (-3.672)	-0.024*** (-3.249)	-0.008*** (-3.775)

续表

变量	(1)	(2)	(3)	(4)	(5)	(6)
	模型(5–1)	模型(5–3)	模型(5–4)	模型(5–1)	模型(5–3)	模型(5–4)
	DA	*ABAF*	*DA*	*DA*	*ABAF*	*DA*
_cons	–0.248*** (–8.512)	–0.480*** (–3.990)	–0.252*** (–8.653)	–0.248*** (–8.505)	–0.476*** (–3.945)	–0.252*** (–8.647)
Year 和 *IND*	控制					
N	8789	8789	8789	8789	8789	8789
调整 R^2	0.125	0.017	0.126	0.125	0.016	0.126
F	26.634	5.166	26.516	26.626	4.928	26.513

注：由于在计算异常审计费用时删除了相关变量缺失的观测值，因此，表5–5中参与回归的观测值为8789个。括号中数值为t值，模型采用稳健性回归。

2. 提高会计师事务所行业专长

根据温忠麟和叶宝娟（2014）的中介效应检验方法，本书构建了多元回归模型（OLS），即模型（5–5）和模型（5–6）与模型（5–1）一起检验会计师事务所行业专长这一作用路径。

$$IMS=\gamma_0+\gamma_1PC+\gamma_2Size+\gamma_3LEV+\gamma_4LIQ+\gamma_5Big4+\gamma_6ROA+\gamma_7Growth+\gamma_8BM+\gamma_9CFO+\gamma_{10}CEO+\gamma_{11}Top10+\gamma_{12}Two+\gamma_{13}SEP+\gamma_{14}Age+Year+IND+\varepsilon \quad (5\text{–}5)$$

$$DA=\delta_0+\delta_1PC+\delta_2IMS+\delta_3Size+\delta_4LEV+\delta_5LIQ+\delta_6Big4+\delta_7ROA+\delta_8Growth+\delta_9BM+\delta_{10}CFO+\delta_{11}CEO+\delta_{12}Top10+\delta_{13}Two+\delta_{14}SEP+\delta_{15}Age+Year+IND+\varepsilon \quad (5\text{–}6)$$

在模型（5–5）和模型（5–6）中，变量*IMS*表示会计师事务所行业专长。借鉴以往研究文献（王生年等，2018），本书采用以上市公司审计客户营业收入作为基础的行业市场份额法，即某会计师事务所在某行业的上市公司审计客户营业收入总额占全部会计师事务所在该行业的上市公司审计客户营业收入总额的比例来衡量会计师事务所行业专长（*IMS*）。其他变量的设置和定义与模型（5–1）相同。

表5–6报告了会计师事务所行业专长的中介效应检验结果。下面我们根

据温忠麟和叶宝娟（2014）的五步法，依次判断会计师事务所行业专长的中介效应是否存在。第一步，模型（5–1）的回归结果已经证明假设3成立，即会计师事务所政治关联对审计质量具有显著的正向影响，结果如表5–6中的列（1）和列（4）所示，应按中介效应继续检验，直接进入第二步。第二步，由列（2）可知，会计师事务所政治关联（*PC*1）与会计师事务所行业专长（*IMS*）的回归系数为0.058，在1%水平上显著；由列（5）可知，会计师事务所政治关联（*PC*2）与会计师事务所行业专长（*IMS*）的回归系数为0.061，在1%水平上显著。列（2）和列（5）的结果均表明，会计师事务所政治关联有助于提高会计师事务所行业专长。第三步，由列（3）和列（6）可知，会计师事务所行业专长（*IMS*）与可操纵性应计利润（*DA*）的回归系数均显著为负，表明会计师事务所行业专长确实能够降低上市公司的盈余管理水平，提高审计质量。因此，间接效应显著，直接进入第四步。第四步，由列（3）和列（6）可知，会计师事务所政治关联（*PC*1和*PC*2）与可操纵性应计利润（*DA*）的回归系数均显著为负，说明会计师事务所政治关联能够显著降低企业的盈余管理程度，提高审计质量，意味着直接效应显著，接着进入第五步。第五步，系数γ_1的符号为正，δ_1和δ_2的符号均为负，系数γ_1和δ_2的乘积（$\gamma_1 \times \delta_2$）与系数δ_1同号，均为负，表明会计师事务所行业专长在会计师事务所政治关联对审计质量的影响过程中，发挥了部分中介效应。具有政治关联的会计师事务所通过提高会计师事务所行业专长提高审计质量的作用路径得到了验证。

表5–6 会计师事务所行业专长的中介效应检验结果

变量	（1）	（2）	（3）	（4）	（5）	（6）
	模型（5–1）	模型（5–5）	模型（5–6）	模型（5–1）	模型（5–5）	模型（5–6）
	DA	*IMS*	*DA*	*DA*	*IMS*	*DA*
*PC*1	−0.008*** （−3.884）	0.058*** （8.752）	−0.008*** （−3.569）			
*PC*2				−0.009*** （−4.019）	0.061*** （8.916）	−0.008*** （−3.700）

续表

变量	(1)	(2)	(3)	(4)	(5)	(6)
	模型(5-1)	模型(5-5)	模型(5-6)	模型(5-1)	模型(5-5)	模型(5-6)
	DA	*IMS*	*DA*	*DA*	*IMS*	*DA*
IMS			-0.010^{***} (-3.199)			-0.010^{***} (-3.180)
Size	0.012^{***} (8.548)	0.044^{***} (10.488)	0.013^{***} (8.841)	0.012^{***} (8.549)	0.044^{***} (10.486)	0.013^{***} (8.840)
LEV	0.027^{***} (3.160)	-0.070^{***} (-2.935)	0.026^{***} (3.078)	0.027^{***} (3.195)	-0.072^{***} (-3.021)	0.027^{***} (3.111)
LIQ	0.002^{***} (3.832)	-0.002 (-1.564)	0.002^{***} (3.778)	0.002^{***} (3.862)	-0.002 (-1.629)	0.002^{***} (3.806)
*Big*4	-0.033^{***} (-7.455)	-0.039^{**} (-2.469)	-0.033^{***} (-7.549)	-0.031^{***} (-6.991)	-0.053^{***} (-3.397)	-0.031^{***} (-7.115)
ROA	0.519^{***} (20.883)	0.023 (0.371)	0.519^{***} (20.907)	0.519^{***} (20.884)	0.023 (0.376)	0.519^{***} (20.909)
Growth	0.004^{***} (3.198)	-0.004 (-1.595)	0.004^{***} (3.167)	0.004^{***} (3.203)	-0.004 (-1.617)	0.004^{***} (3.172)
BM	-0.004^{**} (-2.239)	0.046^{***} (7.432)	-0.004^{**} (-1.987)	-0.004^{**} (-2.257)	0.046^{***} (7.480)	-0.004^{**} (-2.005)
CFO	-0.033^{***} (-3.352)	-0.002 (-0.096)	-0.033^{***} (-3.360)	-0.033^{***} (-3.343)	-0.003 (-0.116)	-0.033^{***} (-3.351)
CEO	0.011 (1.404)	-0.117^{***} (-5.091)	0.010 (1.254)	0.011 (1.393)	-0.117^{***} (-5.061)	0.010 (1.245)
*Top*10	-0.000 (-1.352)	0.001^{***} (3.938)	-0.000 (-1.222)	-0.000 (-1.344)	0.001^{***} (3.921)	-0.000 (-1.216)
Two	-0.001 (-0.473)	0.025^{***} (3.459)	-0.001 (-0.362)	-0.001 (-0.452)	0.024^{***} (3.415)	-0.001 (-0.343)
SEP	-0.000 (-0.503)	-0.001 (-1.527)	-0.000 (-0.559)	-0.000 (-0.512)	-0.001 (-1.509)	-0.000 (-0.567)
Age	-0.007^{***} (-3.664)	0.032^{***} (5.781)	-0.007^{***} (-3.492)	-0.008^{***} (-3.678)	0.033^{***} (5.811)	-0.007^{***} (-3.506)
_cons	-0.245^{***} (-8.486)	-0.525^{***} (-5.989)	-0.251^{***} (-8.662)	-0.245^{***} (-8.483)	-0.525^{***} (-5.986)	-0.251^{***} (-8.658)
Year 和 *IND*	控制					

续表

变量	(1)	(2)	(3)	(4)	(5)	(6)
	模型(5-1)	模型(5-5)	模型(5-6)	模型(5-1)	模型(5-5)	模型(5-6)
	DA	*IMS*	*DA*	*DA*	*IMS*	*DA*
N	8900	8900	8900	8900	8900	8900
调整 R^2	0.125	0.248	0.125	0.125	0.248	0.126
F	26.885	219.978	26.525	26.898	219.877	26.532

注：括号中数值为t值，模型采用稳健性回归。

3. 选择低风险客户

根据温忠麟和叶宝娟（2014）的中介效应检验方法，本书构建了多元回归模型（OLS），即模型（5-7）和模型（5-8）与模型（5-1）一起检验审计客户选择这一作用路径。

$$Z=\theta_0+\theta_1 PC+\theta_2 Size+\theta_3 LEV+\theta_4 LIQ+\theta_5 Big4+\theta_6 ROA+\theta_7 Growth+\theta_8 BM+\theta_9 CFO+\theta_{10} CEO+\theta_{11} Top10+\theta_{12} Two+\theta_{13} SEP+\theta_{14} Age+Year+IND+\varepsilon \quad (5\text{-}7)$$

$$DA=\lambda_0+\lambda_1 PC+\lambda_2 IMS+\lambda_3 Size+\lambda_4 LEV+\lambda_5 LIQ+\lambda_6 Big4+\lambda_7 ROA+\lambda_8 Growth+\lambda_9 BM+\lambda_{10} CFO+\lambda_{11} CEO+\lambda_{12} Top10+\lambda_{13} Two+\lambda_{14} SEP+\lambda_{15} Age+Year+IND+\varepsilon \quad (5\text{-}8)$$

在模型（5-7）和模型（5-8）中，变量*Z*表示客户风险系列变量，包括变量Z1和变量*Z*2[①]。借鉴以往研究文献（Choi et al., 2004），本书用Altman于1968年提出的Z指数作为衡量客户风险的替代变量，用变量Z1表示。为了增加研究结果的可靠性，本书同时采用Altman于2000年提出的修正后的Z指数作为衡量客户风险的替代变量，用变量*Z*2表示。*Z*指数越大，企业破产概率越小，客户风险越低。控制变量与模型（5-1）相同。限于篇幅，本书仅列出了变量*Z*1的

① *Z*1=1.2×(营运资金/总资产)+1.4×(留存收益/总资产)+3.3×(息税前利润/总资产)+0.6×(股票总市价/负债账面价值)+1.0×(销售总额/总资产)。*Z*2=6.56×(营运资金/总资产)+3.26×(留存收益/总资产)+6.72×(息税前利润/总资产)+1.05×(股票总市价/负债账面价值)。

相关回归结果，变量Z2的相关回归结果不再列示，留存备索。

表5-7报告了客户风险为Z1时模型（5-1）、模型（5-7）和模型（5-8）的回归结果。我们根据温忠麟和叶宝娟（2014）的五步法，结合表5-7的回归结果，依次判断审计客户选择的中介效应是否存在。第一步，本书对模型（5-1）的回归结果已经证明假设3成立，即会计师事务所政治关联对审计质量具有显著的正向影响，结果如表5-7中的列（1）和列（4）所示，应按中介效应继续检验，直接进入第二步。第二步，由列（2）可知，会计师事务所政治关联（*PC*1）与客户风险（*Z*1）的回归系数为0.325，在5%水平上显著；由列（5）可知，会计师事务所政治关联（*PC*2）与客户风险（*Z*1）的回归系数为0.385，在5%水平上显著。列（2）和列（5）的结果均表明，具有政治关联的会计师事务所更青睐低风险审计客户。第三步，由列（3）和列（6）可知，客户风险（*Z*1）与可操纵性应计利润（*DA*）的回归系数均在1%水平上显著为负，说明低风险客户的盈余管理程度较低。因此，间接效应显著，直接进入第四步。第四步，由列（3）和列（6）可知，会计师事务所政治关联（*PC*1和*PC*2）与可操纵性应计利润（*DA*）的回归系数均显著为负，说明会计师事务所政治关联能够显著降低企业的盈余管理程度，提高审计质量，意味着直接效应显著，接着进入第五步。第五步，系数θ_1的符号为正，λ_1和λ_2的符号均为负，系数θ_1和λ_2的乘积（$\theta_1 \times \lambda_2$）与系数$\lambda_1$同号，均为负，表明客户选择在会计师事务所政治关联对审计质量的影响过程中发挥了部分中介效应。

按照上述的分析步骤，本章对客户风险度量指标为Z2的相关回归结果进行分析。分析结果表明，在会计师事务所政治关联影响审计质量的过程中，客户选择发挥了部分中介效应。

回归结果表明，具有政治关联的会计师事务所通过选择低风险客户对审计质量产生正向影响的作用路径得到了验证。

表5-7 客户选择的中介效应检验结果（客户风险为Z1）

变量	(1)	(2)	(3)	(4)	(5)	(6)
	模型（5-1）	模型（5-7）	模型（5-8）	模型（5-1）	模型（5-7）	模型（5-8）
	DA	Z1	DA	DA	Z1	DA
PC1	-0.008*** (-3.884)	0.325** (2.172)	-0.008*** (-3.722)			
PC2				-0.009*** (-4.019)	0.385** (2.517)	-0.008*** (-3.827)
Z1			-0.001*** (-6.884)			-0.001*** (-6.874)
Size	0.012*** (8.548)	-2.544*** (-22.320)	0.009*** (6.300)	0.012*** (8.549)	-2.544*** (-22.327)	0.009*** (6.306)
LEV	0.027*** (3.160)	-5.622*** (-8.074)	0.020** (2.367)	0.027*** (3.195)	-5.637*** (-8.096)	0.020** (2.402)
LIQ	0.002*** (3.832)	2.484*** (36.335)	0.005*** (7.223)	0.002*** (3.862)	2.484*** (36.344)	0.005*** (7.236)
Big4	-0.033*** (-7.455)	2.066*** (8.471)	-0.030*** (-6.958)	-0.031*** (-6.991)	1.977*** (8.040)	-0.028*** (-6.510)
ROA	0.519*** (20.883)	27.555*** (15.340)	0.553*** (22.296)	0.519*** (20.884)	27.544*** (15.338)	0.553*** (22.292)
Growth	0.004*** (3.198)	-0.055 (-0.839)	0.004*** (3.161)	0.004*** (3.203)	-0.056 (-0.842)	0.004*** (3.166)
BM	-0.004** (-2.239)	1.167*** (10.939)	-0.003 (-1.517)	-0.004** (-2.257)	1.169*** (10.956)	-0.003 (-1.536)
CFO	-0.033*** (-3.352)	-0.268 (-0.364)	-0.033*** (-3.397)	-0.033*** (-3.343)	-0.275 (-0.373)	-0.033*** (-3.388)
CEO	0.011 (1.404)	-0.184 (-0.284)	0.011 (1.382)	0.011 (1.393)	-0.183 (-0.281)	0.011 (1.372)
Top10	-0.000 (-1.352)	0.051*** (10.700)	-0.000 (-0.507)	-0.000 (-1.344)	0.051*** (10.701)	-0.000 (-0.501)
Two	-0.001 (-0.473)	0.318* (1.891)	-0.001 (-0.304)	-0.001 (-0.452)	0.315* (1.879)	-0.001 (-0.285)
SEP	-0.000 (-0.503)	-0.019** (-2.560)	-0.000 (-0.696)	-0.000 (-0.512)	-0.019** (-2.554)	-0.000 (-0.704)

续表

变量	(1)	(2)	(3)	(4)	(5)	(6)
	模型(5-1)	模型(5-7)	模型(5-8)	模型(5-1)	模型(5-7)	模型(5-8)
	DA	*Z*1	*DA*	*DA*	*Z*1	*DA*
Age	-0.007^{***} (−3.664)	0.924^{***} (6.635)	-0.006^{***} (−3.121)	-0.008^{***} (−3.678)	0.926^{***} (6.651)	-0.006^{***} (−3.135)
_cons	-0.245^{***} (−8.486)	49.504^{***} (21.454)	-0.184^{***} (−6.270)	-0.245^{***} (−8.483)	49.477^{***} (21.449)	-0.184^{***} (−6.272)
Year 和 *IND*	控制					
N	8900	8900	8900	8900	8900	8900
调整 R^2	0.125	0.705	0.131	0.125	0.705	0.131
F	26.885	253.637	27.756	26.898	253.723	27.751

注：括号中数值为t值，模型采用稳健性回归。

（二）异质性检验

1. 会计师事务所政治关联、地区法律环境与审计质量

审计质量的高低主要取决于审计师的独立性和审计师的专业胜任能力（Watts and Zimmerman，1981）。审计师的独立性源于市场的激励机制，包括声誉和诉讼问题（Dye，1993），并且诉讼风险可能会增加审计师的声誉风险（De Fond and Zhang，2014）。法律制度环境的好坏直接影响着审计师面临的诉讼风险，进而可能会影响审计师的声誉风险和审计师的独立性，并最终对审计质量产生影响。不同国家和地区间的法律制度环境存在一定的差异，在中国的法律制度环境下，国际“四大”会计师事务所并没有保持一贯的高质量审计（郭照蕊，2011；王兵等，2011）。审计师个人特征会对审计质量产生显著影响（Gul，2013），审计师个人经验能够有效抑制企业向上的盈余管理行为，提高审计质量（王晓珂等，2016）。相较于法律环境较差地区，在法律环境较好地区，会计师事务所会配置经验丰富的审计师，特别是大规模会计师事务所会配置更有执业经验的审计师，与客户合谋的概率更低，发表非标准审计意见的可能性更高（刘明辉等，2015）。此外，地区法律环境的好坏还会影响会计师事务所行业专长与审计质量之间的关系（谢盛纹、孙俊奇，

2010）。那么，地区法律环境是否会对会计师事务所政治关联与审计质量之间的关系产生影响呢？

本章根据地区法律环境（*Law*）将全样本分为法律环境较好地区和法律环境较差地区两组，根据模型（5–1）进行分样本回归；同时，本章通过在模型（5–1）的基础上加入地区法律环境（*Law*）和地区法律环境（*Law*）与会计师事务所政治关联（*PC*）的交互项（*Law*×*PC*）构建模型（5–9）进行全样本回归，用于检验地区法律环境对会计师事务所政治关联与审计质量之间关系产生的影响。

$$\begin{aligned} DA= & \chi_0+\chi_1 PC+\chi_2 Law\times PC+\chi_3 Law+\chi_4 Size+\chi_5 LEV+\chi_6 LIQ+ \\ & \chi_7 Big4+\chi_8 ROA+\chi_9 Growth+\chi_{10} BM+\chi_{11} CFO+\chi_{12} CEO+ \\ & \chi_{13} Top10+\chi_{14} Two+\chi_{15} SEP+\chi_{16} Age+Year+IND+\varepsilon \end{aligned} \qquad (5\text{–}9)$$

在模型（5–9）中，变量*Law*表示地区法律环境。延续本书第三章和第四章的做法，本章根据王小鲁等（2019）编制的“市场中介组织的发育和法律制度环境”指数的中位数，对地区法律环境水平的高低进行区分，并设置虚拟变量*Law*。地区法律环境较好时，变量*Law*取值为1，否则为0。变量*Law*×*PC*包括变量*Law*×*PC*1和变量*Law*×*PC*2。交互项（*Law*×*PC*1和*Law*×*PC*2）的系数是我们重点关注的对象。

表5–8报告了地区法律环境对会计师事务所政治关联与审计质量之间关系的调节效应检验结果，其中列（1）和列（2），列（4）和列（5）列示的是根据模型（5–1）进行的分组回归结果，列（3）和列（6）列示的是根据模型（5–5）进行的全样本回归结果。

由表5–8中的列（1）可知，在法律环境较好地区，会计师事务所政治关联（*PC*1）与可操纵性应计利润（*DA*）的回归系数为–0.013，在1%水平上显著，说明会计师事务所政治关联在法律环境较好地区有效抑制了上市公司的盈余管理；由列（2）可知，在法律环境较差地区，会计师事务所政治关联（*PC*1）与可操纵性应计利润（*DA*）的回归系数为–0.003，但不显著，说明会计师事务所政治关联在法律环境较差地区对上市公司的盈余管理没有显著影响。进一步对两组中会计师事务所政治关联（*PC*1）的回归系数进行组间差异检验，结果显示P值为0.025，表明相较于在法律环境较差地区，会计师事务所政治关联在法律环境较好地区有效抑制了上市公司的盈余管理。

由表5-8中的列（4）可知，在法律环境较好地区，会计师事务所政治关联（*PC*2）与可操纵性应计利润（*DA*）的回归系数为-0.013，在1%水平上显著，说明会计师事务所政治关联在法律环境较好地区有效抑制了上市公司的盈余管理；由列（5）可知，在法律环境较差地区，会计师事务所政治关联（*PC*2）与可操纵性应计利润（*DA*）的回归系数为-0.004，但不显著，说明会计师事务所政治关联在法律环境较差地区对上市公司的盈余管理没有显著影响。进一步对两组中的会计师事务所政治关联（*PC*2）的回归系数进行组间差异检验，结果显示P值为0.032，仍然表明相较于在法律环境较差地区，会计师事务所政治关联在法律环境较好地区有效抑制了上市公司的盈余管理。

由表5-8中的列（3）和列（6）可知，在全样本回归中，交互项（*Law*×*PC*1）与可操纵性应计利润（*DA*）之间的回归系数为-0.008，在10%水平上显著；交互项（*Law*×*PC*2）与可操纵性应计利润（*DA*）之间的回归系数为-0.009，在5%水平上显著。表明与在法律环境较差地区相比，会计师事务所政治关联在法律环境较好地区显著降低了上市公司的盈余管理，与分样本回归的检验结果一致。

表5-8的回归结果均表明，地区法律环境对会计师事务所政治关联（*PC*1和*PC*2）与可操纵性应计利润（*DA*）之间的关系具有调节效应，即与在法律环境较差地区相比，具有政治关联的会计师事务所在法律环境较好地区更有效地抑制了上市公司的盈余操纵行为，提高了审计服务质量。

表5-8　地区法律环境的调节效应检验结果3

变量	(1) 法律环境较好地区 DA	(2) 法律环境较差地区 DA	(3) 全样本 DA	(4) 法律环境较好地区 DA	(5) 法律环境较差地区 DA	(6) 全样本 DA
*PC*1	-0.013*** (-3.856)	-0.003 (-1.125)	-0.004 (-1.486)			
*PC*2				-0.013*** (-3.882)	-0.004 (-1.354)	-0.005 (-1.596)
Law×*PC*1			-0.008* (-1.909)			
Law×*PC*2						-0.009** (-1.966)
Law			0.003 (0.873)			0.004 (0.966)
Size	0.014*** (7.642)	0.011*** (5.928)	0.012*** (8.639)	0.014*** (7.636)	0.011*** (5.932)	0.012*** (8.638)
LEV	0.032*** (3.001)	0.020** (2.016)	0.027*** (3.151)	0.033*** (3.076)	0.020** (2.022)	0.027*** (3.201)
LIQ	0.001** (2.066)	0.002*** (3.598)	0.002*** (3.797)	0.001** (2.123)	0.002*** (3.600)	0.002*** (3.838)
*Big*4	-0.038*** (-5.763)	-0.027*** (-3.406)	-0.033*** (-7.429)	-0.034*** (-5.214)	-0.026*** (-3.298)	-0.031*** (-6.895)
ROA	0.527*** (18.337)	0.513*** (18.662)	0.520*** (20.942)	0.527*** (18.325)	0.513*** (18.668)	0.520*** (20.935)
Growth	0.004*** (3.923)	0.003*** (3.230)	0.004*** (3.158)	0.004*** (3.951)	0.003*** (3.232)	0.004*** (3.166)
BM	-0.008*** (-2.614)	-0.003 (-1.119)	-0.005** (-2.445)	-0.008*** (-2.676)	-0.003 (-1.112)	-0.005** (-2.481)
CFO	-0.023** (-2.326)	-0.047*** (-4.273)	-0.033*** (-3.334)	-0.023** (-2.320)	-0.047*** (-4.263)	-0.033*** (-3.328)
CEO	0.010 (1.000)	0.007 (0.510)	0.012 (1.477)	0.010 (0.987)	0.007 (0.508)	0.012 (1.461)
*Top*10	-0.000 (-0.644)	-0.000 (-1.395)	-0.000 (-1.295)	-0.000 (-0.608)	-0.000 (-1.409)	-0.000 (-1.272)

续表

变量	（1）	（2）	（3）	（4）	（5）	（6）
	法律环境较好地区	法律环境较差地区	全样本	法律环境较好地区	法律环境较差地区	全样本
	DA	*DA*	*DA*	*DA*	*DA*	*DA*
Two	0.002 （0.609）	−0.004 （−1.358）	−0.001 （−0.420）	0.002 （0.626）	−0.004 （−1.348）	−0.001 （−0.404）
SEP	−0.000 （−1.013）	0.000 （0.033）	−0.000 （−0.463）	−0.000 （−1.023）	0.000 （0.024）	−0.000 （−0.479）
Age	−0.009*** （−3.532）	−0.007*** （−2.874）	−0.008*** （−3.809）	−0.009*** （−3.539）	−0.007*** （−2.883）	−0.008*** （−3.820）
_cons	−0.312*** （−7.734）	−0.206*** （−5.575）	−0.250*** （−8.627）	−0.312*** （−7.719）	−0.206*** （−5.568）	−0.250*** （−8.625）
Year 和 *IND*	控制					
N	4640	4260	8900	4640	4260	8900
调整 R^2	0.124	0.131	0.125	0.125	0.132	0.125
F	19.321	18.901	25.592	19.327	18.919	25.596

注：括号中数值为t值，列（3）和列（6）采用稳健性回归。

2. 会计师事务所政治关联、客户重要性与审计质量

客户重要性也称为经济依赖性，以往研究文献对于客户重要性与审计质量之间的关系并未达成一致观点。有学者认为，客户重要性会降低审计师的独立性，提高审计师对客户盈余管理的容忍度，进而导致审计质量降低（贾楠、李丹，2015；刘骏、冯倩，2016）。也有一些学者认为，客户重要性会增强审计师的谨慎性，提高客户被出具严格审计意见的概率（方军雄，2007），特别是对于高声誉会计师事务所，基于维护其声誉的考虑，它们在出具审计报告时对于容易带来更高诉讼风险的大客户更加谨慎（Reynolds and Francis，2001）。喻小明等（2008）研究发现，客户重要性对审计质量的影响受到各国制度环境的影响，审计环境的改善能够有效增强审计师对重要客户的执业谨慎性，进而提高审计质量。那么，在中国目前的制度背景下，客户重要性是否会对会计师事务所政治关联与审计质量之间的关系产生影响呢？

本章在模型（5–1）中加入客户重要性（*IMP*）及其与会计师事务所政治关联（*PC*）的交互项（*IMP*×*PC*）构建模型（5–10），以检验客户重要性带来的影响，交互项（*IMP*×*PC*）的系数是我们重点关注的对象。

$$DA=\omega_0+\omega_1 PC+\omega_2 IMP\times PC+\omega_3 IMP+\omega_4 Size+\omega_5 LEV+\omega_6 LIQ+ \omega_7 Big4+\omega_8 ROA+\omega_9 Growth+\omega_{10} BM+\omega_{11} CFO+\omega_{12} CEO+ \omega_{13} Top10+\omega_{14} Two+\omega_{15} SEP+\omega_{16} Age+Year+IND+\varepsilon \quad (5\text{–}10)$$

在模型（5–10）中，变量*IMP*表示客户重要性。延续本书第四章中的做法，本章借鉴李明辉和刘笑霞（2013）的思路，以“某一客户的营业收入的自然对数/会计师事务所当年度所有客户的营业收入的自然对数之和”衡量客户重要性。交互项（*IMP*×*PC*）包括变量*IMP*×*PC*1和变量*IMP*×*PC*2。

表5–9报告了客户重要性对会计师事务所政治关联与审计质量之间关系的调节效应检验结果。由表5–9可知，客户重要性（*IMP*）与会计师事务所政治关联（*PC*1）的交互项（*IMP*×*PC*1）与可操行性应计利润（*DA*）的回归系数为–0.279，在1%水平上显著；客户重要性（*IMP*）与会计师事务所政治关联（*PC*2）的交互项（*IMP*×*PC*2）与可操行性应计利润（*DA*）的回归系数为–0.306，在1%水平上显著。表5–9的结果表明，客户重要性强化了会计师事务所政治关联与可操纵性应计利润之间的负相关关系，也就是说，具有政治关联的会计师事务所对于重要客户的执业更加谨慎，盈余管理容忍度更低，审计质量更高。

表5–9　客户重要性的调节效应检验结果2

变量	（1）	（2）
	DA	*DA*
*PC*1	–0.005[**] （–2.071）	
*PC*2		–0.006[**] （–2.332）
IMP×*PC*1	–0.279[***] （–2.993）	

续表

变量	（1）	（2）
	DA	*DA*
IMP×*PC*2		−0.306*** （−3.305）
IMP	0.164** （2.008）	0.166** （2.085）
Size	0.012*** （8.544）	0.012*** （8.571）
LEV	0.026*** （3.076）	0.027*** （3.114）
LIQ	0.002*** （3.804）	0.002*** （3.834）
*Big*4	−0.030*** （−6.266）	−0.026*** （−5.318）
ROA	0.520*** （20.907）	0.519*** （20.903）
Growth	0.004*** （3.177）	0.004*** （3.187）
BM	−0.004** （−2.147）	−0.004** （−2.177）
CFO	−0.033*** （−3.337）	−0.033*** （−3.323）
CEO	0.012 （1.434）	0.012 （1.423）
*Top*10	−0.000 （−1.366）	−0.000 （−1.335）
Two	−0.001 （−0.533）	−0.001 （−0.501）
SEP	−0.000 （−0.537）	−0.000 （−0.565）
Age	−0.007*** （−3.602）	−0.007*** （−3.606）
_cons	−0.248*** （−8.572）	−0.249*** （−8.594）

续表

变量	（1）	（2）
	DA	*DA*
Year 和 *IND*	控制	
N	8900	8900
调整 R^2	0.126	0.126
F	25.657	25.714

注：括号中数值为t值，模型采用稳健性回归。

（三）会计师事务所政治关联级别对审计质量的影响

学者们研究发现，无论是企业还是作为社会中介服务机构的会计师事务所，建立政治关联的类型和级别（政治背景）不同，带来的影响也不尽相同（龚启辉等，2012；李江涛等，2015；吴文锋等，2008；张雯等，2017）。本书第三章和第四章的实证结果也表明，与省级政治关联相比，会计师事务所建立的国家级政治关联对会计师事务所市场份额和审计费用的正向影响更大。那么，会计师事务所的国家级政治关联和省级政治关联对审计质量的影响会存在显著差异吗？

对于会计师事务所政治关联的不同级别对审计质量带来的影响是否存在显著差异，本章仍然延续本书第三章和第四章中的做法，借鉴李江涛等（2015）的思路对其进行检验，设置变量*PC_P*和变量*PC_D*分别表示会计师事务所省级政治关联和会计师事务所国家级政治关联。会计师事务所政治关联级别变量的具体定义为：*PC_P*=（当年度会计师事务所中当选省级代表和委员的注册会计师人数/当年度会计师事务所拥有的注册会计师总人数）×100，*PC_D*=（当年度会计师事务所中当选全国代表和委员的注册会计师人数/当年度会计师事务所拥有的注册会计师总人数）×100。将变量*PC_P*和变量*PC_D*代入模型（5-1）进行回归，限于篇幅，回归结果本书不再列示，留存备索。

回归结果显示，会计师事务所国家级政治关联（*PC_D*）与可操纵性应计利润（*DA*）的回归系数为-0.026，会计师事务所省级政治关联（*PC_P*）与可操纵性应计利润（*DA*）的回归系数为-0.014，且均在5%水平上显著，表明与无政治关联的会计师事务所相比，具有国家级政治关联和具有省级政治关联的会计师事务所均能有效抑制上市公司的盈余操纵行为，提高审计质量，再次验证了假设3。

在回归结果中，会计师事务所国家级政治关联（*PC_D*）的回归系数大于会计师事务所省级政治关联（*PC_P*）的回归系数。为了考察会计师事务所拥有的不同级别政治关联对审计质量的影响是否存在显著差异，本书进一步对变量*PC_D*和变量*PC_P*与可操纵性应计利润（*DA*）的回归系数进行了差异性检验。检验结果显示，没有证据表明会计师事务所国家级政治关联与会计师事务所省级政治关联对审计质量的影响存在显著差异。

审计质量不同于市场份额和审计费用，在相同条件下，审计质量越高，会计师事务所面临的审计风险就越低。在大力推进行业诚信建设和监管环境趋严的背景下，无论是建立省级政治关联的会计师事务所还是建立国家级政治关联的会计师事务所，可能都比较珍惜和重视政治关联带来的声誉昭示作用，在执业时都比较谨慎，具有较强提供高质量审计服务的动机，这可能也是会计师事务所国家级政治关联与省级政治关联对审计质量的影响不存在显著差异的原因之一。

（四）会计师事务所政治关联从有到无对审计质量的影响

本章上述的实证结果表明，会计师事务所建立政治关联后有助于提高审计质量。那么，对于会计师事务所而言，政治关联从有到无会对审计质量产生什么影响呢？对此，本书重新设置实验组和对照组，利用模型（5-2）检验会计师事务所政治关联从有到无对审计质量的影响。

与本书第三章和第四章的做法相同，本章用变量*Treat*1、变量*Treat*2和变量*Treat*3表示实验组，并将在2008年建立政治关联而在2013年未建立政治关联的会计师事务所（会计师事务所政治关联从有到无）设为实验组，变量*Treat*1、变量*Treat*2和变量*Treat*3均取值为1。对于对照组的设置，分为以下三种情况：第一种情况是将2013年建立政治关联以及2008年和2013年均未建立政治关联的会计师事务所作为对照组，变量*Treat*1取值为0；第二种情况是将

2013年建立政治关联的会计师事务所设为对照组，变量*Treat*2取值为0；第三种情况是将2008年和2013年均未建立政治关联的会计师事务所设为对照组，*Treat*3取值为0。其他变量的设置与模型（5-2）相同。本书重点关注交互项$Treat1 \times Post$、$Treat2 \times Post$和$Treat3 \times Post$的系数。将变量*Treat*1、变量*Treat*2和变量*Treat*3及其与时间虚拟变量*Post*的交互项代入模型（5-2）进行回归，限于篇幅，本书对回归结果不再列示，留存备索。

回归结果显示，交互项（$Treat1 \times Post$）与可操纵性应计利润（*DA*）的回归系数为-0.003，但不显著，说明将在2013年建立政治关联以及在2008年和2013年均未建立政治关联的会计师事务所设为对照组时，在2008年建立政治关联而在2013年未建立政治关联的会计师事务所的审计质量未发生显著变化。交互项（$Treat2 \times Post$）与可操纵性应计利润（*DA*）的回归系数为-0.001，但不显著，说明将在2013年建立政治关联的会计师事务所设为对照组时，在2008年建立政治关联而在2013年未建立政治关联的会计师事务所的审计质量未发生显著变化。交互项（$Treat3 \times Post$）与可操纵性应计利润（*DA*）的回归系数为-0.011，在10%水平上显著，说明将在2008年和2013年均未建立政治关联的会计师事务所作为对照组时，在2008年建立政治关联而在2013年未建立政治关联的会计师事务所的审计质量更高。

回归结果表明，2013年丧失政治关联的会计师事务所与2013年建立政治关联的会计师事务所相比，审计质量不存在显著差异；但与2008年和2013年均未建立政治关联的会计师事务所相比，2013年丧失政治关联的会计师事务所的审计质量更高。说明会计师事务所政治关联不仅对会计师事务所建立政治关联当期的审计质量具有积极影响，在会计师事务所丧失政治关联后，短期内政治关联对审计质量的正向影响依然存在。这可能是因为会计师事务所政治关联对于会计师事务所声誉、会计师事务所行业专长，以及客户承接等方面的影响，在短期内并不会随着政治关联的丧失而消失，进而导致在会计师事务所丧失政治关联后，政治关联对审计质量的正向影响依然存在。

根据本书第三章、第四章和本章的回归结果可知，会计师事务所丧失政治关联后，不仅政治关联对会计师事务所市场份额和审计费用的正向影响依然存在，其对审计质量的正向影响也依然存在。回归结果再次表明，会计师事务所建立政治关联后，主要发挥了政治关联的声誉机制作用，而不是将政治关联作为谋取经济利益的寻租工具，并且制度声誉发挥的作用更加长久稳定。

第五节　本章小结

审计质量的高低对于规范经济秩序，推进诚信建设，促进国家治理体系和治理能力现代化具有非常重要的影响。因此，本书以中国证券资格会计师事务所及其审计的上市公司客户为研究对象，考察了会计师事务所政治关联对审计质量的影响及其作用机理。

实证研究发现，会计师事务所政治关联与可操纵性应计利润显著负相关，即与无政治关联的会计师事务所相比，具有政治关联的会计师事务所能够有效抑制上市公司的盈余管理行为，提高审计质量。在采用双重差分法控制内生性问题、进行安慰剂检验、替换审计质量和会计师事务所政治关联的度量指标、改变研究样本范围、进行公司层面的聚类回归后，上述结果依然稳健。

作用机理分析发现，具有政治关联的会计师事务所通过增加审计投入、提高会计师事务所行业专长、选择低风险客户提高了审计质量。异质性检验发现，地区法律环境和客户重要性对会计师事务所政治关联与审计质量之间的关系具有显著的调节作用。具体而言，与在法律环境较差地区相比，具有政治关联的会计师事务所在法律环境较好地区更有效地抑制了上市公司的盈余管理行为，提高了审计质量；客户越重要，具有政治关联的会计师事务所执业越谨慎，越会关注上市公司的盈余操纵行为，提高审计质量，降低审计风险。

进一步研究发现，与无政治关联的会计师事务所相比，无论是拥有省级政治关联还是拥有国家级政治关联的会计师事务所，均能显著降低上市公司的盈余管理水平，提高审计质量。这再次验证了会计师事务所政治关联对审计质量的正向影响。然而，会计师事务所的省级政治关联和国家级政治关联对审计质量的影响不存在显著差异。会计师事务所丧失政治关联后，在短期内政治关联对审计质量的正向影响依然存在。

本章的实证结果不仅表明了会计师事务所政治关联对审计质量具有显著的正向影响，发挥了审计治理效应，同时还说明了会计师事务所政治关联并未以损害审计质量为代价而提高会计师事务所市场份额和审计费用。具有政治关联的会计师事务所通过进行寻租活动以提高会计师事务所市场份额和审计费用的作用路径未得到验证，通过增加审计投入提高审计费用的作用路径得到了间接验证。会计师事务所政治关联在提高会计师事务所经济效益的同时，也提高了社会效益。

本章的研究结论具有重要启示作用：会计师事务所建立代表委员类政治关联带来的制度声誉与来自市场的声誉一样，能够有效提高会计师事务所的经济效益和社会效益。对于会计师事务所而言，它们应该充分发挥代表委员的积极性，珍惜代表委员类政治关联带来的制度声誉，增强执业谨慎性，发展自身的行业专长，不断提高审计质量，发挥审计治理效应，促进会计师事务所实现经济效益和社会效益的双提升。对于政府及监管部门而言，它们要进一步加强党对注册会计师行业的领导，加强对获得代表委员类政治身份的注册会计师行业代表人士的引导，充分发挥他们的行业“风向标”作用，提高审计服务质量，提升公司外部审计治理的有效性，同时还要进一步提升法治环境，为注册会计师执业提供良好的外部环境，强化注册会计师审计监督，助推国家治理体系和治理能力现代化。

第六章　结论

一、研究结论

现有关于企业政治关联后果的研究成果丰富，而有关会计师事务所政治关联后果的研究成果则相对较少，并且已有文献主要是基于会计师事务所合伙人在发审委任职的视角对会计师事务所政治关联展开相关研究。学者们的研究一致认为，企业获得的代表委员类政治关联会对企业的经营活动产生重要影响。那么，会计师事务所的代表委员类政治关联会带来什么影响呢？针对这一问题，目前仅有少数学者进行了相关研究，且只是说明了“是什么”的问题，并未对其作用机理进行探究。

对此，本书以注册会计师当选党代表、人大代表和政协委员为切入点，从会计师事务所经济效益和社会效益两个维度考察会计师事务所政治关联的后果。由于会计师事务所的市场份额和审计费用能够在较大程度上反映会计师事务所经济效益，审计质量能够在较大程度上反映会计师事务所社会效益，因此，本书将会计师事务所的市场份额、审计费用和审计质量三个方面纳入同一个研究框架，深入系统地考察了会计师事务所代表委员类政治关联带来的影响及其作用机理。本书主要的研究内容和结论具体归纳如下：

第一，会计师事务所政治关联与市场份额的关系。本书分别以会计师事务所是否在2013年和当年度存在注册会计师当选省级及以上代表和委员为依据，设置会计师事务所政治关联虚拟变量；借鉴前人研究，以会计师事务所审计的上市公司客户总资产为依据，设置市场份额变量。本书构建了会计师事务所政治关联与市场份额的实证模型，实证结果显示：①其他条件不变，会计师事务所政治关联与市场份额呈显著正相关关系，表明会计师事务所政治关联能够显著提升市场份额。②在使用双重差分模型控制内生性问题、进行安慰剂检验、替换会计师事务所政治关联和市场份额的度量指标、改变样本研究范围以及重新构建模型之后，会计师事务所政治关联与市场份额的显著正相关关系依然存在。③作用机理分析发现，会计师事务所政治关联能够吸引更多的国有企业客户，进而提升市场份额，具有政治关联的会计师事务所通过进行寻租活动提高市场份额的路径未得到验证。④异质性检验发现，地区法律环境对会计师事务所政治关联与市场份额之间的关系具有显著的调节效应，即与在法律环境较差地区相比，具有政治关联的会计师事务所在法律环境较好地区拥有更高的市场份额。⑤与无政治关联的会计师事务所相比，会计师事务所的省级政治关联和国家级政治关联均能显著提高市场份额；相较于省级政治关联，会计师事务所的国家级政治关联对会计师事务所市场份额的正向影响更大。⑥会计师事务所丧失政治关联后，在短期内其政治关联对市场份额的正向影响依然存在。

第二，会计师事务所政治关联与审计费用的关系。本书分别以会计师事务所是否在2013年和当年度存在注册会计师当选省级及以上代表和委员为依据，设置会计师事务所政治关联虚拟变量，以上市公司客户境内审计费用的自然对数作为审计费用的衡量指标，构建了会计师事务所政治关联与审计费用的实证模型，实证结果显示：①其他条件不变，会计师事务所政治关联与审计费用之间呈显著正相关关系，表明会计师事务所政治关联能够显著提高审计费用。②在使用双重差分模型控制内生性问题、进行安慰剂检验、替换会计师事务所政治关联和审计费用的度量指标、改变研究样本范围、加入新的控制变量以及进行公司层面的聚类回归之后，会计师事务所政治关联与审计费用的显著正相关关系依然存在。③作用机理分析发现，会计师事务所通过提升市场份额提高了审计费用，具有政治关联的会计师事务所通过增加审计投入提高审计费用的路径得到了间接验证，具有政治关联的会计师事务所通过进行寻租活动提高审计费用的路径未得到验证。④异质性检验发现，地区法律环境对会计师事务所政治关联与审计费用之间的关系具有显著的调节效应，即与在法律环境较差地区相比，具有政治关联的会计师事务所在法律环境较好地区对上市公司客户收取了更高的审计费用；客户重要性对会计师事务所政治关联与审计费用之间的关系不具有调节效应。⑤与无政治关联的会计师事务所相比，无论是会计师事务所的省级政治关联还是会计师事务所的国家级政治关联，均能显著提高审计费用；相较于省级政治关联，会计师事务所的国家级政治关联对审计费用的正向影响更大。⑥会计师事务所丧失政治关联后，在短期内其政治关联对审计费用的影响仍然存在。

第三，会计师事务所政治关联与审计质量的关系。本书分别以会计师事务所是否在2013年和当年度存在注册会计师当选省级及以上代表和委员为依据，设置会计师事务所政治关联虚拟变量；借鉴前人研究，以可操纵性应计利润衡量审计质量，构建了会计师事务所政治关联与审计质量的实证模型。实证结果显示：①其他条件不变，会计师事务所政治关联与可操纵性应计利润之间呈显著负相关关系，表明与无政治关联的会计师事务所相比，具有政治关联的会计师事务所能够有效地抑制上市公司的盈余操纵行为，提高审计质量。②本书在使用双重差分模型控制内生性问题、进行安慰剂检验、替换会计师事务所政治关联和审计质量的度量指标、改变研究样本范围以及进行公司层面的聚类回归之后，会计师事务所政治关联与可操纵性应计利润的显著负相关关系依然存在，说明研究结论具有一定的稳健性。③作用机理分析发现，具有政治关联的会计师事务所通过增加审计投入、提高会计师事务所行业专业和选择低风险客户提高了审计质量。④异质性检验发现，地区法律环境和客户重要性对会计师事务所政治关联与审计质量之间的关系具有显著的调节效应。与在法律环境较差地区相比，具有政治关联的会计师事务所在法律环境较好地区更有效地抑制了上市公司的盈余管理行为，提高了审计质量；客户越重要，具有政治关联的会计师事务所执业越谨慎，会更加关注上市公司的盈余操纵行为，提高审计质量。⑤与无政治关联会计师事务所相比，无论是具有省级政治关联的会计师事务所还是具有国家级政治关联的会计师事务所，均能显著提高审计质量，但是会计师事务所的省级政治关联和国家级政治关联对审计质量的影响没有显著差异。⑥会计师事务所丧失政治关联后，在短期内其政治关联对审计质量的影响仍然存在。

二、政策建议

注册会计师是国家的“经济警察”，是经济监督体系和新的社会阶层人士的重要组成部分，是构建社会治理共同体的重要力量。加强党对注册会计师行业的领导，对于推进国家治理体系和治理能力现代化、促进社会经济的健康稳定发展有着非常重要的作用。本书从会计师事务所层面考察了会计师事务所通过注册会计师当选代表和委员建立政治关联带来的后果，实证研究后发现，会计师事务所政治关联既提高了会计师事务所市场份额和审计费用，又提高了审计质量，实现了经济效益和社会效益的统一。这与国家鼓励注册会计师积极参政议政，加强党对注册会计师的领导，促使注册会计师行业更好地发挥审计治理作用，服务国家经济建设的目标不谋而合。

随着中国经济的发展，注册会计师在经济发展中的作用越来越大，成为资本市场和国家发展中引人注目的新焦点。为此，鼓励注册会计师积极参政议政，借以促进注册会计师行业健康发展，推进国家治理体系和治理能力现代化显得非常必要。鉴于此，本书结合中国特色社会主义的制度背景，以及注册会计师行业的发展，提出以下政策建议，以期为会计师事务所和注册会计师行业的发展，以及政府相关部门提供一些有益的借鉴和政策参考：

第一，会计师事务所要充分发挥代表委员类政治关联带来的制度声誉优势，促进会计师事务所的健康发展，实现“做大做强”目标。作为社会中介服务机构，声誉是会计师事务所的核心竞争力。在中国的政治经济制度背景下，注册会计师当选代表和委员，代表着公众、行业、党和国家对他们个人及其所在会计师事务所的充分信任和肯定。相较于政府官员类政治关联，代表委员类政治关联本身就是一种声誉机制，并且属于具有路径依赖性的不可模仿资源。

在我国市场体制、司法体制有待进一步完善，外部政策高度不确定的环境中，基于中国特色社会主义制度背景，代表委员类政治关联为会计师事务所带来的制度声誉在我国具有较强的公信力，不易被模仿和党政特色使该制度声誉不仅能够向外传递良好的声誉信号，还会对会计师事务所健康发展起到内在激励作用，有助于会计师事务所在竞争激烈的审计市场获得更高的市场份额和审计收费，提高审计质量，取得良好的经济效益和社会效益，从而有利于会计师事务所实现“做大做强”的发展目标和可持续发展。

“百年累之，一朝毁之。”声誉的形成长期而缓慢，毁坏却极其容易。虽然政治关联也可以作为寻租工具用以获取更多经济利益，但是在我国法治环境不断改善的背景下，寻租行为具有不可持续性，且很可能会因为眼前和局部利益而牺牲了会计师事务所的长远和全局利益。因此，获得代表委员类政治关联的会计师事务所要尽量避免寻租行为，充分发挥代表委员类政治关联带来的制度声誉优势，提高自身的执业质量和市场竞争力，打造中国注册会计师行业的民族品牌，为中国会计师事务所国际化夯实基础。

第二，监管机构要充分发挥拥有代表委员类政治身份的注册会计师对行业的引领作用，提高注册会计师审计质量，推进行业诚信建设，提升注册会计师审计对公司的外部治理效应，助推国家治理体系和治理能力现代化。根据本书的研究结论我们发现，会计师事务所通过注册会计师当选代表和委员建立政治关联后，相较于寻租工具，更加注重代表委员类政治关联带来的制度声誉。这种现象的产生，与拥有代表委员类政治身份的注册会计师的执业态度和执业行为是密不可分的。

对于拥有政治身份的企业家而言，制度环境的完善将会减弱其寻租动机，行业环境的不确定性将会增强其亲社会性动机（刘海建等，2017）。在中国法治环境明显改善、审计市场竞争激烈的背景下，相较于寻租动机，注册会计师获得政治身份后，亲社会行为的动机会更强烈，会更加注重长远利益。在中国，当选代表和委员的注册会计师不仅要拥有较高的政治素养，还要拥有较高的专业素养，他们不仅是其所在会计师事务所的决策层，同时还是注册会计师行业的代表人士。根据马斯洛的需求层次理论，对于拥有代表委员类政治身份的注册会计师来说，低层次的需求已经得到满足，其更多的是追求较高层次的需求——尊重需求或自我实现需求，而代表委员类政治身份的获得为他们实现较高层次需求提供了很好的通道。在中国，省级和国家级代表委员类政治身份属于“稀缺资源”，注册会计师获得后会更加珍惜和重视这种政治身份带来的声誉、参与社会治理的通道以及社会资源。

基于维护代表委员类政治身份带来的制度声誉以及再次获得政治身份的考虑，拥有政治身份的注册会计师在执业时会更加谨慎，具有较强的提供高质量审计服务的动机。他们作为会计师事务所的决策者和注册会计师行业的代表人士，在会计师事务所和注册会计师行业具有较大的影响力，他们的执业态度和行为会对其所在会计师事务所甚至整个行业的执业环境和发展产生重大影响。因此，监管机构要不断加强对拥有代表委员类政治身份的注册会计师的领导和指引，充分发挥他们在会计师事务所和注册会计师行业的“风向标”作用，营造良好的执业环境，更好地履行“经济警察”的职责，发挥注册会计师对中国资本市场秩序的监督作用，推进社会诚信建设，提升社会治理水平。

第三，营造更加良好的法治环境，构建“亲”“清”型政商关系，抑制寻租动机，发挥声誉激励机制对会计师事务所发展的促进作用，助推国家治理体系和治理能力现代化。政治关联是经济社会广泛存在的一种现象。提及政治关联，人们总将其与负面消息联系在一起。不可否认，在现实经济社会中，确实存在利用政治关联进行寻租活动的现象，给市场经济秩序带来了负面影响，但是，法治环境的改善会在一定程度上抑制寻租行为。例如，党的十八大之后的反腐新政营造的良好法治环境就在一定程度上抑制了政治关联企业的寻租行为，促使企业政治关联发挥积极作用（曲红宝，2018）。

与政府官员类政治关联相比，代表委员类政治关联本身就是一种声誉机制，在中国的政治经济制度背景下，这种制度声誉具有较强的公信力，发挥的作用也更加稳定。而且，以往文献发现，相较于政府官员类政治关联，代表委员类政治关联带来积极影响的可能性更大。法治环境的改善压缩了政治关联会计师事务所的寻租空间，提高了政治关联会计师事务所的寻租成本，增强了其执业谨慎性，能够抑制政治关联会计师事务所的寻租动机（刘海建等，2017），更好地发挥声誉激励机制，对于提高会计师事务所的执业质量，推动会计师事务所做大做强和国际化具有极其重要的作用。本书的研究结论为此提供了一些经验证据支持。

注册会计师是经济监督体系和新的社会阶层人士的重要组成部分，是社会治理共同体构建的重要力量，国家应该不断完善相关法律法规制度，增强法律的威慑力，营造良好法治环境，构建"亲""清"型政商关系。这不仅能够抑制或消除政治关联会计师事务所的寻租动机，为声誉机制在我国审计市场上发挥作用提供良好环境，从而更好地发挥代表委员类政治关联对会计师事务所的声誉激励作用，提高审计质量，促进事务所和注册会计师行业的健康发展，还有助于加强党对注册会计师行业的领导，推进社会诚信建设，提升社会治理水平，促进整个社会健康稳定发展。

三、研究创新与局限

（一）研究创新

本书可能的创新主要体现在以下三个方面：

第一，以往研究大多数关注企业政治关联的经济后果，有关会计师事务所政治关联的研究主要集中于会计师事务所的合伙人在发审委任职带来的影响，只有少数研究对会计师事务所代表委员类政治关联带来的影响进行了初步验证。区别于现有研究，本书基于会计师事务所的经济属性和社会属性，从经济效益和社会效益两个方面入手，将会计师事务所的市场份额、审计费用和审计质量三个方面纳入一个研究框架，深入系统地考察了会计师事务所代表委员类政治关联带来的后果及其影响机制，拓展并丰富了会计师事务所政治关联和审计方面的相关文献。

第二，本书研究发现，会计师事务所代表委员类政治关联既提高了会计师事务所的市场份额和审计费用，又提高了审计质量，有助于会计师事务所取得良好的经济效益和社会效益，实现两个效益双提升。本书的研究结论为注册会计师当选党代表、人大代表和政协委员在微观层面产生的影响提供了经验证据。

第三，本书的研究结论具有重要的现实意义：制度声誉与来自市场的声誉同样重要，会计师事务所应合理利用政治关联，充分发挥代表委员的积极性，珍惜通过拥有党代表、人大代表和政协委员的政治身份获得的制度声誉，推动会计师事务所“做大做强”，实现可持续发展；政府及监管部门应进一步加强对获得代表委员类政治身份的注册会计师行业代表人士的引导，充分发挥他们在注册会计师行业的“风向标”作用，改善法律环境，压缩寻租空间，抑制或消除寻租动机，为声誉机制发挥作用提供良好的环境，从而更好地发挥注册会计师政治身份的积极作用，提高其审计的治理效应，推进社会诚信建设，提升社会治理水平。

（二）研究局限

本书的研究存在以下局限：

第一，本书研究发现，会计师事务所政治关联不仅能够提高会计师事务所的经济效益（会计师事务所市场份额和审计费用），还能够提高会计师事务所的社会效益（审计质量）。虽然注册会计师最终能否当选代表和委员并不是由注册会计师个人及其所在的会计师事务所决定的，但是在一定程度上仍会受到注册会计师及其所在会计师事务所特征的影响，并不是完全外生的事件。虽然本书已做了大量的稳健性测试，尽可能排除其他替代性解释，但回归结果仍可能受到内生性问题等因素的影响。

第二，本书研究发现，与无政治关联的会计师事务所相比，具有政治关联的会计师事务所能够有效降低企业的盈余管理行为，提高审计质量。由于无法获取上市公司被审计之前的财务报告，本书并不能区分究竟是因为具有政治关联的会计师事务所审计的上市公司本身的盈余质量就高，还是因为具有政治关联的会计师事务所进行审计后提高了上市公司的盈余质量。

第三，囿于数据获取途径、数据数量等，本书仅从会计师事务所层面对政治关联带来的后果进行了相关研究，并未进一步从会计师事务所分所层面、注册会计师个体层面对政治关联的后果进行研究，也并未探究会计师事务所通过注册会计师获取不同的政治身份（党代表、人大代表和政协委员）建立的政治关联所带来的影响是否存在显著差异。

四、进一步研究方向

鉴于注册会计师在社会经济发展中的重要作用及其当选代表和委员人数的大幅增加，探究会计师事务所通过注册会计师当选代表和委员建立政治关联带来的后果具有非常重要的意义。囿于数据获取渠道、数据数量等，本书仅从会计师事务所层面对政治关联进行了相关研究，对一些有意义的话题，如分所层面、合作伙伴层面和审计师个体等方面的研究并未涉及，这些有待未来进一步深入系统地研究。

第一，本书仅基于会计师事务所层面研究了注册会计师当选代表和委员所带来的影响，事实上，如果从分所层面对其进行研究，将会增强研究结论的可靠性。目前，几乎所有的证券资格会计师事务所都存在分所，由于会计师事务所的组织模式、管理方式等方面的原因，各分所在人员的培训和管理、审计收费、审计质量等方面可能存在较大差别。然而，本书对会计师事务所政治关联进行定义时，并未区分取得代表委员类政治身份的注册会计师是属于总所人员还是分所人员，只是笼统地将存在注册会计师获得代表委员类政治身份的会计师事务所定义为政治关联会计师事务所。本书认为如果能从分所层面定义会计师事务所政治关联，并获取相关数据对会计师事务所政治关联的后果进行研究，将会增加研究结论的可靠性和说服力。

第二，目前学者们对审计问题的研究已从会计师事务所层面转向注册会计师个体层面，然而他们往往聚焦于会计师事务所政治关联的后果，鲜有学者基于注册会计师个人层面开展相关研究。基于马斯洛的需求层次理论和儒家的“内圣外王”思想，结合中国的政治经济体制以及注册会计师行业的现状，获得代表委员类政治身份特别是省级及以上政治身份的注册会计师更多的是追求尊重需求或自我实现需求，实现从“小我”到“大我”的超越，而代表委员类政治身份的获得为他们追求较高层次的需求提供了很好的渠道。获得省级及以上代表委员类政治身份的注册会计师通常是会计师事务所的决策层，那么，他们政治身份的获得会给自身带来什么样的影响呢？对他们的合作伙伴又会产生什么样的影响？对于这些问题的研究能够让我们更加直接地了解注册会计师政治身份带来的影响。

第三，囿于数据搜集渠道和数据数量，本书仅以证券所中获得省级及以上代表委员类政治身份的注册会计师为依据，设置会计师事务所政治关联变量进行相关研究，并未考虑注册会计师获得省级以下代表委员类政治身份的情况。在未来的研究中，可以进一步完善注册会计师获得代表委员类政治身份的数据，以全面考察不同级别政治身份和不同类型政治身份带来的影响是否存在显著差异。

参考文献

［1］步丹璐，屠长文. 外资持股、制度环境与审计质量[J]. 审计研究，2017（4）：65-72.

［2］陈辉发，蒋义宏，王芳. 发审委身份公开、会计师事务所声誉与IPO公司盈余质量[J]. 审计研究，2012（1）：60-68.

［3］陈丽红，张龙平. 行业专门化与审计质量：来自中国审计市场的经验证据[J]. 当代财经，2010（11）：111-119.

［4］陈胜蓝，马慧. 竞争压力、规模经济性与会计师事务所行业专长溢价[J]. 会计研究，2015（5）：87-93.

［5］陈维，吴世农，黄飘飘. 政治关联、政府扶持与公司业绩：基于中国上市公司的实证研究[J]. 经济学家，2015（9）：48-58.

［6］陈运森，邓祎璐，李哲. 非行政处罚性监管能改进审计质量吗：基于财务报告问询函的证据[J]. 审计研究，2018（5）：82-88.

［7］陈运森，郑登津，李路. 民营企业发审委社会关系、IPO资格与上市后表现[J]. 会计研究，2014（2）：12-19.

［8］陈智，徐泓. 审计师行业专长、品牌声誉与审计费用[J]. 山西财经大学学报，2013（7）：114-124.

［9］程琳，安涛，李亮. 优化中国CPA业的声誉机制[J]. 河北学刊，2014（1）：126-129.

［10］程璐，董沛武，于海瀛. 区域会计师事务所数量对审计质量的影响研究[J]. 中国软科学，2019（5）：104-115.

［11］邓晓飞，辛宇，滕飞. 官员独立董事强制辞职与政治关联丧失[J]. 中国工业经济，2016（2）：130–145.

［12］丁利，李明辉，吕伟. 签字注册会计师个人特征与审计质量：基于2010年上市公司数据的经验研究[J]. 山西财经大学学报，2012（8）：108–116.

［13］董沛武，程璐，乔凯. 客户关系是否影响审计收费与审计质量[J]. 管理世界，2018（8）：143–153.

［14］董有德，宋芳玉. 银企关系、政治联系与民营企业对外直接投资：基于我国民营上市企业的经验研究[J]. 国际贸易问题，2017（10）：132–142.

［15］杜兴强，郭剑，花雷宇. 政治联系方式与民营上市公司业绩："政府干预"抑或"关系"？[J]. 金融研究，2009（11）：158–173.

［16］杜兴强，侯菲. 审计师的海外经历与审计质量[J]. 管理科学，2019（6）：133–148.

［17］杜兴强，赖少娟，杜颖洁."发审委"联系、潜规则与IPO市场的资源配置效率[J]. 金融研究，2013（3）：143–156.

［18］杜兴强，周泽将. 政治联系方式与民营上市公司信息透明度：基于深交所信息披露考评的经验证据[J]. 中南财经政法大学学报，2010（1）：126–131.

［19］段特奇，刘斌，石恒贵. 审计市场低价管制能提高审计质量吗？[J]. 中南财经政法大学学报，2013（1）：89–96.

［20］范经华，张雅曼，刘启亮. 内部控制、审计师行业专长、应计与真实盈余管理[J]. 会计研究，2013（4）：81–88.

［21］方军雄. 经济依赖性，真的损害审计质量吗：来自中国证券市场的初步证据[J]. 产业经济研究，2007（2）：64–72.

［22］方军雄. 注册会计师声誉损害的代价[J]. 商业经济与管理，2009（8）：89–96.

［23］冯银波，叶陈刚. 控制权性质、审计师行业专长与审计定价[J]. 北京理工大学学报（社会科学版），2019（1）：110–120.

［24］高雷，张杰. 代理成本、管理层持股与审计质量[J]. 财经研究，2011

(1): 48–58.

[25] 高雷，张杰. 公司治理、资金占用与盈余管理[J]. 金融研究，2009(5): 121–140.

[26] 龚启辉，吴联生，王亚平. 政府控制与审计师选择[J]. 审计研究，2012(5): 42–50.

[27] 管亚梅. 基于政府干预的审计市场分割与审计合谋治理审视[J]. 审计与经济研究，2012(3): 25–31.

[28] 郭春林. 基于签字注册会计师特征与独立审计质量的实证研究[J]. 经济问题，2014(1): 102–109.

[29] 郭剑花. 高管参政议政与民营企业雇员行为：基于政企关系的现实考察[J]. 经济体制改革，2012(5): 98–102.

[30] 郭丽虹，刘凤君. 发审委关联、业绩粉饰与IPO审核决策[J]. 改革，2020(2): 102–115.

[31] 郭照蕊. 国际四大与高审计质量：来自中国证券市场的证据[J]. 审计研究，2011(1): 98–107.

[32] 何俊志. 新中国人大制度演进的三个阶段[J]. 探索与争鸣，2010(12): 28–29.

[33] 洪群，戴亦一. 官员到访减轻了企业税收负担吗：来自中国上市公司的经验证据[J]. 当代财经，2018(1): 111–121.

[34] 胡波. 独立审计定价悖论问题研究：论审计产品经济属性与其定价机制的关系[J]. 中央财经大学学报，2007(10): 61–64.

[35] 胡旭阳，吴一平. 创始人政治身份与家族企业控制权的代际锁定[J]. 中国工业经济，2017(5): 152–171.

[36] 胡旭阳. 民营企业家的政治身份与民营企业的融资便利：以浙江省民营百强企业为例[J]. 管理世界，2006(5): 107–113.

[37] 胡旭阳. 审核参与、知识溢出与IPO审计市场份额[J]. 审计研究，2015(2): 89–96.

［38］胡永平，张宗益. 高管的政治关联与公司绩效：基于国有电力生产上市公司的经验研究[J]. 中国软科学，2009（6）：128–137.

［39］黄雷，齐振威，叶勇. 上市公司股权结构与盈余管理研究[J]. 经济体制改革，2012（5）：143–146.

［40］黄琳琳. 基于家族上市公司政治策略视角的供需双维度审计质量研究[D]. 北京：北京交通大学，2017.

［41］黄梅，夏新平. 操纵性应计利润模型检测盈余管理能力的实证分析[J]. 南开管理评论，2009（5）：136–143.

［42］黄益雄，李长爱. 行业自律监管能改进审计质量吗：基于中注协约谈的证据[J]. 会计研究，2016（11）：84–96.

［43］贾楠，李丹. 会计师事务所对客户的经济依赖会削弱审计质量吗：来自赴美上市的中国概念股的实证证据[J]. 审计研究，2015（5）：102–112.

［44］江新峰，张敦力. 产业政策：一视同仁还是厚此薄彼：来自企业投资同群效应的证据[J]. 财贸研究，2019（3）：15–30.

［45］蒋卫平，王赛. 政治关联与会计信息质量：基于我国民营上市公司的实证研究[J]. 财经理论与实践，2014（2）：79–83.

［46］蒋尧明，肖洁，章琳一. 内部控制质量的优势富集效应：基于审计质量与审计收费双重角度[J]. 中央财经大学学报，2017（7）：63–73.

［47］况学文，陈志锋，金硕. 政治关联与资本结构调整速度[J]. 南开经济研究，2017（2）：133–152.

［48］赖少娟，杜兴强. 权力的“恶之花”：IPO中的寻租、审计市场异化与资本市场惩戒[J]. 投资研究，2012（12）：10–32.

［49］雷光勇，李书锋，王秀娟. 政治关联、审计师选择与公司价值[J]. 管理世界，2009（7）：145–155.

［50］李江涛，严文龙，曾铁兵. 政治关联、制度环境与会计师事务所经营业绩[J]. 审计与经济研究，2015（5）：32–43.

［51］李敏才，刘峰. 社会资本、产权性质与上市资格：来自中小板IPO的实

证证据[J]. 管理世界，2012（11）：110-123.

[52] 李敏才. 发审委社会资本影响审计需求和审计收费吗：来自中小板IPO的实证证据[J]. 审计与经济研究，2013（5）：50-59.

[53] 李明辉，刘笑霞. 客户重要性与审计质量关系研究：公司治理的调节作用[J]. 财经研究，2013（3）：64-74.

[54] 李明辉，燕吴，华范. 会计师事务所合并对审计市场结构的影响[J]. 中国经济问题，2014（3）：50-59.

[55] 李姝，谢晓嫣. 民营企业的社会责任、政治关联与债务融资：来自中国资本市场的经验证据[J]. 南开管理评论，2014（6）：30-40.

[56] 李爽，吴溪. 监管信号、风险评价与审计定价：来自审计师变更的证据[J]. 审计研究，2004（1）：13-18.

[57] 李思飞，刘恋，王化成. 审计师行业专长、经济依赖性与审计质量：基于审计任期的视角[J]. 山西财经大学学报，2014（5）：112-124.

[58] 李四海，陈祺. 制度环境、政治关联与会计信息债务契约有用性：来自中国民营上市公司的经验证据[J]. 管理评论，2013（1）：155-166.

[59] 李伟，韩晓梅，吴联生. 审计投入的产出效应[J]. 会计研究，2018（3）：71-77.

[60] 李晓慧，曹强，孙龙渊. 审计声誉毁损与客户组合变动：基于1999—2014年证监会行政处罚的经验证据[J]. 会计研究，2016（4）：85-91.

[61] 李晓慧，孙龙渊. 更换成本与信号传递：证监会行政处罚视角的检验[J]. 管理评论，2018（9）：199-208.

[62] 李晓慧，庄飞鹏. 不同制度环境下非审计业务对审计质量的影响研究[J]. 山西财经大学学报，2014（8）：93-102.

[63] 廖义刚，孙俊奇，陈燕. 法律责任、审计风险与事务所客户选择：基于1996—2006年我国会计师事务所客户风险的分析[J]. 审计与经济研究，2009（5）：34-40.

[64] 刘峰，许菲. 风险导向型审计 · 法律风险 · 审计质量：兼论“五大”在

我国审计市场的行为[J]. 会计研究，2002（2）：21–27.

［65］刘凤君，郭丽虹. 会计师事务所发审委社会资本对公开再融资审核决策的影响：基于中国资本市场2003—2013年公开再融资数据的分析[J]. 商业研究，2019（8）：90–99.

［66］刘桂良，牟谦. 审计市场结构与审计质量：来自中国证券市场的经验证据[J]. 会计研究，2008（6）：85–92.

［67］刘海建，吕秀芹，董育森，等. 是否皆为利己：制度转型深入期企业家政治联系的双重角色[J]. 南开管理评论，2017（4）：114–128.

［68］刘行健，王开田. 会计师事务所转制对审计质量有影响吗？[J]. 会计研究，2014（4）：88–94.

［69］刘继红. 审计师高管的关联关系与股价同步性[J]. 会计与经济研究，2019（2）：44–61.

［70］刘继红，章丽珠. 高管的审计师工作背景、关联关系与应计、真实盈余管理[J]. 审计研究，2014（4）：104–112.

［71］刘骏，冯倩. 客户依赖度与审计质量：声誉机制的调节效应[J]. 河南社会科学，2016（7）：23–30.

［72］刘力，马贤明. 审计委员会与审计质量：来自中国A股市场的经验证据[J]. 会计研究，2008（7）：84–89.

［73］刘林. 基于信号理论视角下的企业家政治联系与企业市场绩效的关系研究[J]. 管理评论，2016（3）：93–105.

［74］刘明辉，汪玉兰，李井林. 法律环境对审计供给的影响：基于中国证券市场的经验分析[J]. 审计与经济研究，2015（6）：26–36.

［75］刘启亮，郭俊秀，汤雨颜. 会计事务所组织形式、法律责任与审计质量：基于签字审计师个体层面的研究[J]. 会计研究，2015（4）：86–94.

［76］刘启亮，李蕙，赵超，等. 媒体负面报道、诉讼风险与审计费用[J]. 会计研究，2014（6）：81–88.

［77］刘文军. 审计师行业专长、客户重要性与审计质量[J]. 南方经济，2012

(6): 44–57.

[78] 刘笑霞，李明辉，吕伟. 会计师事务所规模与审计定价：基于中国本土事务所的经验研究[J]. 财经理论与实践，2012(5): 69–75.

[79] 刘笑霞，李明辉. 会计师事务所人力资本特征与审计质量：来自中国资本市场的经验证据[J]. 审计研究，2012(2): 82–89.

[80] 刘星，陈丽蓉，刘斌，等. 非审计服务影响注册会计师独立性吗：来自中国证券市场的经验数据[J]. 会计研究，2006(7): 30–38.

[81] 龙小宁，张训常，杨进. 转轨背景下官员兼职规制的经济效应[J]. 中国工业经济，2016(7): 40–56.

[82] 罗党论，黄琼宇. 民营企业的政治关系与企业价值[J]. 管理科学，2008(6): 21–28.

[83] 罗党论，刘璐. 民营上市公司"出身"、政治关系与债务融资[J]. 经济管理，2010(7): 112–119.

[84] 罗党论，应千伟. 政企关系、官员视察与企业绩效：来自中国制造业上市企业的经验证据[J]. 南开管理评论，2012(5): 74–83.

[85] 马晨，程茂勇，张俊瑞. 事务所变更能帮助公司提升审计质量吗：来自二次财务重述的经验证据[J]. 中国软科学，2014(10): 109–120.

[86] 马雯，张秋莲. 会计师事务所合并行为及对我国审计市场结构的影响[J]. 商业研究，2012(5): 119–124.

[87] 潘克勤. 实际控制人政治身份、自律型治理与审计需求：基于IPO前民营化上市公司的经验证据[J]. 审计研究，2010(4): 57–65.

[88] 潘克勤. 实际控制人政治身份降低债权人对会计信息的依赖吗：基于自我约束型治理视角的解释和实证检验[J]. 南开管理评论，2009(5): 38–46.

[89] 潘克勤. 政治关联、财务年报恶意补丁与债务融资契约：基于民营上市公司实际控制人政治身份的实证研究[J]. 经济经纬，2012(2): 75–80.

[90] 曲红宝. 腐败治理与财政补贴效率：基于政治联系视角的分析[J]. 财贸研究，2018(11): 71–80.

[91] 全进，刘文军，谢帮生. 领导干部自然资源资产离任审计、政治关联与权益资本成本[J]. 审计研究，2018（2）：46-54.

[92] 饶翠华，杨燕. 审计师任期与审计质量分析：来自中国证券市场的经验证据[J]. 财经问题研究，2011（3）：117-124.

[93] 任曙明，王艳玲. 制度环境、政治关联与家族企业研发投入[J]. 软科学，2017（6）：91-95.

[94] 石军. 公司成长性与盈余管理[J]. 西安交通大学学报（社会科学版），2011（1）：48-50，73.

[95] 宋加山，赵锐锃，郭婷婷. 基于中介效应模型的政府补贴、政治关联与民营上市企业价值研究[J]. 软科学，2020（7）：82-87.

[96] 宋衍蘅，肖星. 监管风险、事务所规模与审计质量[J]. 审计研究，2012（3）：83-89.

[97] 宋子龙，余玉苗. 审计项目团队行业专长类型、审计费用溢价与审计质量[J]. 会计研究，2018（4）：82-88.

[98] 唐滔智，余怒涛，李小军. 非审计服务、知识溢出与审计质量[J]. 商业研究，2014（3）：47-54.

[99] 唐衍军，蒋煦涵. 审计师知识资本、进入权激励与审计质量[J]. 财贸研究，2020（4）：97-109.

[100] 陶雄华，曹松威. 证券交易所非处罚性监管与审计质量：基于年报问询函信息效应和监督效应的分析[J]. 审计与经济研究，2019（2）：8-18.

[101] 田利辉，刘霞. 国际“四大”的品牌溢价和我国上市公司的审计收费[J]. 中国会计评论，2013（1）：55-70.

[102] 王兵，李晶，苏文兵，等. 行政处罚能改进审计质量吗：基于中国证监会处罚的证据[J]. 会计研究，2011（12）：86-92.

[103] 王兵，吕梦，苏文兵. 政治关联与企业涉诉风险[J]. 财贸研究，2019（2）：74-87.

[104] 王兵，苏文兵，何梦庄.“四大”审计质量在中国存在差异吗？[J]. 审

计研究，2011（6）：89–97.

［105］王兵，辛清泉. 寻租动机与审计市场需求：基于民营IPO公司的证据[J]. 审计研究，2009（3）：74–80.

［106］王兵，张娟，杨德明. 审计收费影响因素之长期特征研究[J]. 山西财经大学学报，2010（6）：110–115.

［107］王德宏，宋建波，李洋. 签字审计师之间的校友关系对审计质量的影响研究[J]. 会计与经济研究，2017（5）：76–88.

［108］王建文，国艳玲，王丽娜，等. 重要股东市场行为引导下的利益趋同与壕沟防守效应[J]. 中国管理科学，2015（3）：76–81.

［109］王金秋，蔡荣，黄承捷. 政治资本、集体声誉与民营企业融资约束[J]. 宏观经济研究，2019（1）：37–48.

［110］王黎华，刘启亮. 政治联系、新法律实施与国际四大的审计策略[J]. 山西财经大学学报，2015（6）：102–112.

［111］王良成，陈汉文. 法律环境、事务所规模与审计定价[J]. 财贸经济，2010（4）：69–75.

［112］王清，王洋洋. 签字审计师与企业高管同姓会促使他们相亲相向吗？[J]. 上海财经大学学报，2018（5）：87–99.

［113］王生年，宋媛媛，徐亚飞. 审计师行业专长缓解了资产误定价吗？[J]. 审计研究，2018（2）：96–103.

［114］王西子，吴联生. 审计师收取客户债务风险溢价了吗？[J]. 审计研究，2020（2）：57–66.

［115］王小鲁，樊纲，胡李鹏. 中国分省份市场化指数报告（2018）[M]. 北京：社会科学文献出版社，2019.

［116］王晓珂，王艳艳，于李胜，等. 审计师个人经验与审计质量[J]. 会计研究，2016（9）：75–81.

［117］王咏梅，邓舒文. 会计师事务所合并与行业专门化战略研究[J]. 审计研究，2012（2）：60–66.

［118］王瑜，唐雪松，孙芳城. 审计师政治身份的价值：声誉昭示抑或寻租工具[J]. 山西财经大学学报，2019（12）：107–122.

［119］温忠麟，叶宝娟. 中介效应分析：方法和模型发展[J]. 心理科学进展，2014（5）：731–745.

［120］吴德刚. 党的全国代表大会制度形成及历史经验[J]. 中共党史研究，2018（4）：5–24.

［121］吴昊旻，吴春贤，杨兴全. 惩戒风险、事务所规模与审计质量：来自中国审计市场的经验证据[J]. 审计研究，2015（1）：75–83.

［122］吴婧洁. 企业政治关联与企业绩效关系实证研究[D]. 长春：吉林大学，2018.

［123］吴青川，韩璐. 会计师事务所强制轮换对审计市场结构的影响[J]. 经营与管理，2019（1）：25–28.

［124］吴文锋，吴冲锋，刘晓薇. 中国民营上市公司高管的政府背景与公司价值[J]. 经济研究，2008（7）：130–141.

［125］吴溪，杨育龙，张俊生. 预防性监管伴随着更严格的审计结果吗：来自中注协年报审计风险约谈的证据[J]. 审计研究，2014（4）：63–71.

［126］吴应宇，毛俊，路云. 客户规模与审计费用溢价的研究：来自2001—2004年沪市的初步证据[J]. 会计研究，2008（5）：83–89.

［127］夏立军. 审计师行业专长与审计市场研究综述及启示[J]. 外国经济与管理，2004（7）：39–44.

［128］谢盛纹，孙俊奇. 制度环境、审计行业专业性与审计质量：一项实证研究[J]. 当代财经，2010（7）：119–127.

［129］谢永珍，刘美芬. 政治联系、创始人身份对国有上市公司隧道行为的影响：董事会治理行为强度的非线性中介检验[J]. 财贸研究，2016，27（4）：110–119.

［130］谢永珍，吴明霞. CEO的政治联系强化了职位壕沟效应吗：基于民营上市公司CEO变更的验证[J]. 东岳论丛，2019（1）：155–166.

［131］徐尧，刘峰，王亚. 法治环境、政治关联与违规查处：来自A股市场的经验证据[J]. 当代财经，2017（8）：79–88.

［132］徐宗宇，邵清芳，陈维良. 试析终极控制人两权分离度对盈余管理的影响：来自沪深股市的经验证据[J]. 现代财经（天津财经大学学报），2012（4）：68–76.

［133］闫焕民，刘宁，陈小林. 事务所转制是否影响审计定价策略：来自我国上市公司的经验证据[J]. 审计研究，2015（5）：93–101.

［134］严若森，姜潇. 关于制度环境、政治关联、融资约束与企业研发投入的多重关系模型与实证研究[J]. 管理学报，2019（1）：72–84.

［135］严若森，钱向阳，肖莎，等. 家族涉入的异质性对企业研发投入的影响研究：市场化程度与政治关联的调节作用[J]. 中国软科学，2019（11）：129–138.

［136］严若森，肖莎. 政治关联、制度环境与家族企业创新绩效：社会情感财富理论视角的解释[J]. 科技进步与对策，2019（6）：75–84.

［137］杨德明，陆明. 互联网商业模式会影响上市公司审计费用吗？[J]. 审计研究，2017（6）：84–90.

［138］杨世信，刘运国，蔡祥. 鱼和熊掌能否兼得：会计师事务所效率与审计质量的关系研究[J]. 会计与经济研究，2018（5）：59–79.

［139］杨玉龙，张川，孙淑伟. 政治关联能否屏蔽证券监管对于审计师的治理效力：基于民营上市公司证券违规的情景考察[J]. 审计研究，2014（4）：97–103.

［140］叶琼燕，于忠泊. 审计师个人特征与审计质量[J]. 山西财经大学学报，2011（2）：117–124.

［141］应千伟，刘劲松，张怡. 反腐与企业价值：来自中共十八大后反腐风暴的证据[J]. 世界经济文汇，2016（3）：42–63.

［142］余汉，蒲勇健，宋增基. 政治资本在不同法制环境下对民营企业的经济影响：一项对民营上市公司的经验证据[J]. 中央财经大学学报，2017（3）：89–99.

［143］余汉，杨中仑，宋增基. 国有股权、政治关联与公司绩效：基于中国民营控股上市公司的实证研究[J]. 管理评论，2017，29（4）：196-212.

［144］余鹏翼，刘先敏. 腐败治理、法律环境与审计费用：基于沪深上市公司的经验证据[J]. 审计与经济研究，2018（3）：19-28.

［145］喻小明，聂新军，刘华. 事务所客户重要性影响审计质量吗：来自A股市场2003—2006年的证据[J]. 会计研究，2008（10）：66-72.

［146］袁蓉丽，李瑞敬，李百兴. 董事高管责任保险与审计费用[J]. 审计研究，2018（2）：55-63.

［147］原红旗，韩维芳. 会计师事务所的地区竞争优势与审计质量[J]. 审计研究，2012（2）：67-74.

［148］原红旗，张楚君，孔德松，等. 审计失败与会计师事务所声誉损失：来自IPO审核的证据[J]. 会计研究，2020（3）：157-163.

［149］张晨宇，赵晶，肖淑芳. 我国上市公司审计收费影响因素的实证分析[J]. 数理统计与管理，2007（6）：1085-1090.

［150］张继勋，陈颖，吴璇. 风险因素对我国上市公司审计收费影响的分析：沪市2003年报的数据[J]. 审计研究，2005（4）：34-38.

［151］张健. 事务所转制效果存在差异吗：原因与后果[J]. 审计与经济研究，2018（1）：56-68.

［152］张立民，唐松华. 注册会计师审计的产权功能——演化与延伸：改革开放30年中国会计师事务所产权演变评析[J]. 会计研究，2008（8）：3-10.

［153］张莉，皮嘉勇，宋光祥. 地方政府竞争与生产性支出偏向：撤县设区的政治经济学分析[J]. 财贸经济，2018（3）：65-78.

［154］张鸣，田野，陈全. 制度环境、审计供求与审计治理：基于我国证券市场中审计师变更问题的实证分析[J]. 会计研究，2012（5）：77-85.

［155］张雯，刘耀淞，张敏，等. 官员视察会提高会计师事务所审计收费吗？[J]. 会计与经济研究，2017（3）：3-17.

［156］张阳，张立民. 独立性威胁、审计委员会制约有效性：理论分析与实

证研究[J]. 会计研究，2007（10）：87-94.

［157］赵保卿，温韶丹，黄译贤. 会计师事务所变更影响因素的实证分析[J]. 北京工商大学学报（社会科学版），2013（6）：66-73.

［158］赵晶，孟维烜. 官员视察对企业创新的影响：基于组织合法性的实证分析[J]. 中国工业经济，2016（9）：109-126.

［159］郑莉莉，郑建明. 制度环境、审计声誉机制与收费溢价[J]. 审计研究，2017（5）：78-86.

［160］周霖，蔺楠. 政治关联、风险投资与企业慈善[J]. 山西财经大学学报，2018（1）：68-82.

［161］周泽将，杜颖洁，杜兴强. 政治联系、最终控制人、制度环境与银行借款：基于国有上市公司2004—2008年的经验证据[J]. 当代经济科学，2011（3）：33-42.

［162］周志方，周宏，曾辉祥. 水信息披露、政治关联和资本成本：以2010—2015年中国高水敏感性行业为例[J]. 中南大学学报（社会科学版），2018（2）：96-108.

［163］朱红军，夏立军，陈信元. 转型经济中审计市场的需求特征研究[J]. 审计研究，2004（5）：53-62.

［164］朱松，夏冬林，陈长春. 审计任期与会计稳健性[J]. 审计研究，2010（3）：89-95.

［165］曾亚敏，张俊生. 国际会计公司成员所的审计质量：基于中国审计市场的初步研究[J]. 审计研究，2014（1）：96-104.

［166］ADHIKARI A，DERASHIDD C，ZHANG H. Public Policy，Political Connections，and Effective Tax Rates：Longitudinal Evidence from Malaysia[J]. Journal of Accounting and Public Policy，2006，25（5）：574-595.

［167］ANDERSON T，ZÉGHAL D. The Pricing of Audit Services：Further Evidence from the Canadian Market[J]. Accounting and Business Research，1994，24（95）：195-207.

[168] BASIOUDIS I G, FRANCIS J R. Big 4 Audit Fee Premiums for National and Office-Level Industry Leadership in the United Kingdom[J]. Auditing: A Journal of Practice & Theory, 2007, 26 (2): 143–166.

[169] BLANKLEY A I, HURTT D N, MACGREGOR J E. The Relationship between Audit Report Lags and Future Restatements[J]. Auditing: A Journal of Practice & Theory, 2014, 33 (2): 27–57.

[170] BUTAR-BUTAR S, LILY INDARTO S L I. Does Auditor Industry Expertise Improve Audit Qualit. In Complex Business Environments? [J]. Jurnal Akuntansi dan Keuangan, 2018, 20 (1): 1–12.

[171] CASTERELLA J R, FRANCIS J R, LEWIS B L, et al. Auditor Industry Specialization, Client Bargaining Power, and Audit Pricing[J]. A Journal of Practice & Theory, 2004, 23 (1): 123–140.

[172] CHENG Y, LIU Y, CHIEN C. The Association between Auditor Quality and Human Capital[J]. Managerial Auditing Journal, 2009, 24 (6): 523–541.

[173] CHOI J H, DOOGAR R K, GANGULY A R. The Riskiness of Large Audit Firm Client Portfolios and Changes in Audit Liability Regimes: Evidence from the U. S. Audit Market[J]. Contemporary Accounting Research, 2004, 21 (4): 747–785.

[174] CHOI J H, KIM J B, LEE E Y, et al. Audit Market Concentration and Audit Fees: An International Investigation[J]. SSRN, 2018 (6).

[175] CHOI J, KIM J, LIU X, et al. Cross–Listing Audit Fee Premiums: Theory and Evidence[J]. The Accounting Review, 2009, 84 (5): 1429–1463.

[176] DEANGELO. Auditor Size and Audit Quality[J]. Journal of accounting and economics, 1981, 3 (3): 183–199.

[177] DECHOW P M, SLOAN R G, SWEENEY A P. Detecting Earnings Management[J]. Accounting review, 1995, 70 (2): 193–225.

[178] DEFOND M, ERKENS D, ZHANG J. Do Client Characteristics Really Drive the Big N Audit Quality Effect? New Evidence from Propensity Score Matching[J].

Management Science, 2016, 63 (11): 3628–3649.

[179] DEFOND M L, FRANCIS J R, WONG T J. Auditor Industry Specialization and Market Segmentation: Evidence from Hong Kong[J]. Auditing: A Journal of Practice & Theory, 2000, 19 (1): 49–66.

[180] DEFOND M L, WONG J T, LI S. The Impact of Improved Auditor Independence on Audit Market Concentration in China[J]. Journal of Accounting and Economics, 2000, 28 (3): 269–305.

[181] DEFOND M, ZHANG J Y. A Review of Archival Auditing Research[J]. Journal of Accounting and Economics, 2014, 58 (2/3): 275–326.

[182] DU X. Does CEO–Auditor Dialect Sharing Impair Pre–IPO Audit Quality? Evidence from China[J]. Journal of Business Ethics, 2019, 156 (3): 699–735.

[183] DUNN K, KOHLBECK M, MAYHEW B W. The Impact of the Big 4 Consolidation on Audit Market Share Equality[J]. Auditing: A Journal of Practice & Theory, 2011, 30 (1): 49–73.

[184] DYE R A. Auditing Standards, Legal Liability, and Auditor Wealth[J]. Journal of Political Economy, 1993, 101 (5): 887–914.

[185] ESHLEMAN J D, LAWSON B P. Audit Market Structure and Audit Pricing[J]. Accounting Horizons, 2017, 31 (1): 57–81.

[186] FACCIO M, PARSLEY D C. Sudden Deaths: Taking Stock of Geographic Ties[J]. Journal of Financial and Quantitative Analysis, 2009, 44 (3): 683–718.

[187] FACCIO M. Politically–Connected Firms: Can They Squeeze the State[J]. American Economic Review, 2006, 96 (1): 369–386.

[188] FIRTH M, RUI O M, WU W. The Effects of Political Connections and State Ownership on Corporate Litigation in China[J]. The Journal of Law & Economics, 2011, 54 (3): 573–607.

[189] FISMAN R. Estimating the Value of Political Connections [J]. American Economic Review, 2001, 91 (4): 1095–1102.

[190] FRANCIS J R, WANG D. The Joint Effect of Investor Protection and Big 4 Audits on Earnings Quality around the World[J]. Contemporary Accounting Research, 2008, 25 (1): 157–191.

[191] FRANCIS J R. The Effect of Audit Firm Size on Audit Prices: A Study of the Australian Market[J]. Journal of Accounting and Economics, 1984, 6 (2): 133–151.

[192] GHOSH A, MOON D. Auditor Tenure and Perceptions of Audit Quality[J]. The Accounting Review, 2005, 80 (2): 585–612.

[193] GIETZMANN M B, PETTINICCHIO A K. External Auditor Reassessment of Client Business Risk Following the Issuance of a Comment Letter by the SEC[J]. European Accounting Review, 2014, 23 (1): 57–85.

[194] GOMEZ E T, JOMO K S. Malaysia's Political Economy: Politics, Patronage and Profits[M]. Cambridge: Cambridge University Press, 1997.

[195] GUL F A, WU D H, YANG Z F. Do Individual Auditors Affect Audit Quality? Evidence from Archival Data[J]. The Accounting Review, 2013, 88 (6): 1993–2023.

[196] HRIBAR P, NICHOLS D C. The Use of Unsigned Earnings Quality Measures in Tests of Earnings Management[J]. Journal of Accounting Research, 2007, 45 (5): 1017–1053.

[197] JOHNSON S, MITTON T. Cronyism and Capital Controls: Evidence from Malaysia[J]. Journal of Financial Economics, 2003, 67 (2): 351–382.

[198] KHWAJA A I, MIAN A. Do Lenders Favor Politically Connected Firms? Rent Provision in an Emerging Financial Market[J]. The Quarterly Journal of Economics, 2005, 120 (4): 1371–1411.

[199] KNIGHT B. Are policy Platforms Capitalized into Equity Prices? Evidence from the Bush/Gore 2000 Presidential Election[J]. Journal of Public Economics, 2006, 90 (4–5): 751–773.

[200] KOH K, RAJGOPAL S, SRINIVASAN S. Non–audit Services and Financial

Reporting Quality: Evidence from 1978 to 1980[J]. Review of Accounting Studies, 2013, 18 (1): 1–33.

[201] KRISHNAN J, KRISHNAN J, STEPHENS R G. The Simultaneous Relation Between Auditor Switching and Audit Opinion: An Empirical Analysis[J]. Accounting and Business Research, 1996, 26 (3): 224–236.

[202] LENNOX C S. Audit Quality and Auditor Size: An Evaluation of Reputation and Deep Pockets Hypotheses[J]. Journal of Business Finance & Accounting, 1999, 26 (7–8): 779–805.

[203] LENNOX C. Audit Quality and Executive Officers' Affiliations with CPA Firms[J]. Journal of Accounting and Economics, 2005, 39 (2): 201–231.

[204] LOBO G J, ZHAO Y. Relation between Audit Effort and Financial Report Misstatements: Evidence from Quarterly and Annual Restatements[J]. The Accounting review, 2013, 88 (4): 1385–1412.

[205] MANDE V, SON M. Do Financial Restatements Lead to Auditor Changes? [J]. AUDITING: A Journal of Practice & Theory, 2013, 32 (2): 119–145.

[206] MYERS J N, MYERS L A, OMER T C. Exploring the Term of the Auditor–Client Relationship and the Quality of Earnings: A Case for Mandatory Auditor Rotation? [J]. The Accounting Review, 2003, 78 (3): 779–799.

[207] NIEMI L. Auditor Size and Audit Pricing: Evidence from Small Audit Firms[J]. European Accounting Review, 2004, 13 (3): 541–560.

[208] PONG C K M, BURNETT S. The Implications of Merger for Market Share, Audit Pricing and Non–Audit Fee Income: The Case of PricewaterhouseCoopers[J]. Managerial Auditing Journal, 2006, 21 (1): 7–22.

[209] QIANG CHENG T D W. Equity Incentives and Earnings Management[J]. The Accounting Review, 2005, 80 (2): 441–476.

[210] RAINSBURY E A, BRADBURY M, CAHAN S F. The Impact of Audit Committee Quality on Financial Reporting Quality and Audit Fees[J]. Journal of

Contemporary Accounting & Economics, 2009, 5 (1): 20-33.

[211] REICHELT K J, WANG D. National and Office-Specific Measures of Auditor Industry Expertise and Effects on Audit Quality[J]. Journal of Accounting Research, 2010, 48 (3): 647-686.

[212] REYNOLDS J K, FRANCIS J R. Does Size Matter? The Influence of Large Clients on Office-Level Auditor Reporting Decisions[J]. Journal of Accounting and Economics, 2001, 30 (3): 375-400.

[213] SCHWARTZ K B, MENON K. Auditor Switches by Failing Firms[J]. The Accounting Review, 1985, 60 (2): 248-261.

[214] SEETHARAMAN A, GUL F A, LYNN S G. Litigation Risk and Audit Fees: Evidence from UK Firms Cross-Listed on US Markets[J]. Journal of Accounting and Economics, 2002, 33 (1): 91-115.

[215] SIMUNIC D A. The Pricing of Audit Services: Theory and Evidence[J]. Journal of Accounting Research, 1980, 18 (1): 161-190.

[216] SKINNER D J, SRINIVASAN S. Audit Quality and Auditor Reputation: Evidence from Japan[J]. The Accounting Review, 2012, 87 (5): 1737-1765.

[217] SKINNER D J. The Investment Opportunity Set and Accounting Procedure Choice: preliminary Evidence[J]. Journal of Accounting and Economics, 1993, 16 (4): 407-445.

[218] SRINIDHI B N, GUL F A. The Differential Effects of Auditors' Nonaudit and Audit Fees on Accrual Quality[J]. Contemporary Accounting Research, 2007, 24 (2): 595-629.

[219] SWANQUIST Q T, WHITED R L. Do Clients Avoid "Contaminated" Offices? The Economic Consequences of Low-Quality Audits[J]. The Accounting Review, 2015, 90 (6): 2537-2570.

[220] TSUI J S L, JAGGI B, GUL F A. CEO Domination, Growth Opportunities, and their Impact on Audit Fees[J]. Journal of Accounting, Auditing & Finance, 2001, 16

(3): 189–208.

[221] WATTS R L, ZIMMERMAN J L. Towards a Positive Theory of the Determination of Accounting Standards[J]. The Accounting Review, 1978, 53 (1): 112–134.

[222] WATTS R, ZIMMERMAN J. Auditors and the Determination of Accounting Standards[R]. Working Paper, 1981.

[223] XIAO T, GENG C, YUAN C. How Audit Effort Affects Audit Quality: An Audit Process and Audit Output Perspective[J]. China Journal of Accounting Research, 2020, 13 (1): 109–127.

[224] YANG Z F. Do Political Connections Add Value to Audit Firms? Evidence from IPO Audits in China[J]. Contemporary Accounting Research, 2013, 30 (3): 891–921.

[225] YANG Z, FAN Y, SHI S, et al. Political Connections and Corporate Borrowing: An Analysis on the Listed Real Estate Firms in China[J]. The Journal of Real Estate Finance and Economics, 2018, 57 (3): 315–350.

[226] ZERNI M. Audit Partner Specialization and Audit Fees: Some Evidence from Sweden[J]. Contemporary Accounting Research, 2012, 29 (1): 312–340.

[227] ZHAO Y, BEDARD J C, HOITASH R. SOX 404, Auditor Effort, and the Prevention of Financial Report Misstatements[J]. Auditing: A Journal of Practice & Theory, 2017, 36 (4): 151–177.